НИКОГДА НЕ ПОЗДНО

КОРОТКИЕ РАССКАЗЫ

РОМАН ЛИТОВСКИЙ

Художник
СЕРДЖИО ДРЮМОНД

Copyright © 2023 by Roman Litovsky

Все права защищены. Никакая часть этой книги не может быть воспроизведена в любой форме или с помощью каких-либо электронных или механических средств, включая системы хранения и поиска информации, без письменного разрешения автора, за исключением использования кратких цитат в рецензии на книгу.

Второе издание, исправленное.

❋ Created with Vellum

Эта книга посвящена памяти нашего сына Александра (Саши) Литовского 1984-2020 гг., жизнь которого трагически оборвалась. Он любил жизнь и проживал ее в полной мере. Он лелеял идею, что все в жизни освещено и все имеет свою цель. Я считаю, что целью его жизни было заставить нас, живых, остановиться на время, очароваться красотой мира, узнать тех, кто нас любит, и распространить эту любовь вокруг — чтобы сделать этот мир лучше. Саша это очень хорошо умел, мы всегда будем помнить его с любовью.

БЛАГОДАРНОСТИ

Моё первое «спасибо» адресовано руководству корпорации Bose (Framingham, Массачусетс), которое ввело в 2021 году аморальный мандат, требующий от всех сотрудников пройти вакцинацию от вируса Wuhan COVID-19, неэффективное и весьма вредное для здоровья людей средство в долгосрочной перспективе. Без этого мандата я бы не ушел тогда с работы и, возможно, работал бы дольше, упуская свои уникальные возможности, в том числе – написание этой книги.

Хочу выразить благодарность своей невестке Нине Литовской, которая однажды, услышав, как я рассказываю о своем жизненном опыте, сказала: «Об этом надо написать книгу!» Я запомнил ее слова, но мне потребовалось еще несколько лет, чтобы устроить свою новую жизнь "пенсионера" в прекрасном городе Sarasota, собраться с мыслями и начать работать над этой книгой.

Я благодарен моему старому другу Дмитрию Менну, который был моим первым читателем и вдохновителем. Он был со мной в самые трудные моменты моей жизни, оказывая непоколебимую помощь и поддержку. Его эмоциональная реакция и советы стали чрезвычайно полезным руководством в моем писательском приключении.

Работая над этой книгой, я открыл для себя несколько замечательных людей, чья профессиональная помощь не только сделала эту книгу возможной, но и подняла ее на уровень, которого я никогда не смог бы достичь в одиночку:

- Мой первый редактор/корректор - Лили Марлен Бут, чье терпение и мудрость помогли мне пройти трудный процесс правильного самовыражения. Ее эмоциональный отклик был моим лучшим индикатором, который вёл меня на протяжении всей работы.

- Мой второй редактор/составитель книги - Марианна Томпсон, которая помогла мне с множеством вещей, которые необходимо было сделать, прежде чем автор увидит опубликованную книгу. Она старалась быть отстраненной от содержания (чтобы быть объективным редактором), но все же я смог пробиться, и ее эмоциональный отклик показал мне, что некоторые мои рассказы найдут отклик у широкой читательской аудитории.

- И наконец, что не менее важно, я открыл для себя замечательного книжного иллюстратора - Серджио Дрюмонда, который создал более 30 прекрасных цветных иллюстраций - по одной к каждому рассказу. Помните «Приключения Алисы в стране чудес»: «Что толку в книге, — думала Алиса, — без картинок и разговоров?» Рисунки Серджио рассказывают свою собственную историю, иллюстрируя и дополняя мою, превращая эту книгу в настоящее произведение искусства!

Живя в мире

Есть люди умирающие,
люди живущие.
Есть люди пишущие на стенах.
Есть люди, думающие о том, что важно,
Что есть красота,
О чем это,
Что это за шум.
Настоящая красота - в природе,
В жизни,
В песне.
Вот как выглядит настоящая красота.
А теперь просто продолжайте читать.

Саша Литовский, 1994 год.

Перевод Романа Литовского

СОДЕРЖАНИЕ

Предисловие   xi

1. Никогда не Поздно   1
2. Подарок на день рождения   12
3. Метод Детерминантов   18
4. Веник   25
5. Искупление   35
6. Чудесная задача   43
7. Джентльменский набор   52
8. Лучше, чем горы   61
9. Вилен Зевин   72
10. Через тернии к звездам   81
11. Просвещение из трубки   91
12. Чапаев   99
13. Жаркое лето   109
14. Бедные родственники   122
15. Билет в один конец   132
16. Римские каникулы   141
17. Трайдент   151
18. EXID   164
19. Лицемерие   174
20. Американская мечта   182
21. Сделай сам или умри   191
22. Вторая зарплата   201
23. Смарт Протектор   208
24. Руткит   215
25. Двадцать лет спустя   223
26. Плохой Санта   231
27. Лучший одиозный громкоговоритель   244
28. Дункан   252
29. Те же грабли   262

30. Оранжевый котенок   274
Эпилог   282

Об авторе   283
О художнике   284
От авторов книги   285

ПРЕДИСЛОВИЕ

Каждая книга отражает мировоззрение автора. Когда речь идет о реальных людях, изображая их жизнь и личность, окончательная картина искажается из-за точки зрения автора, конкретных встреч и его анализа запомнившейся информации. Моя книга основана на реальных событиях и моем жизненном опыте. И, конечно же, все здесь было определено моим собственным восприятием, избирательной памятью и личными симпатиями, и антипатиями. Поэтому я заранее приношу извинения перед некоторыми людьми, которых я здесь упомянул, но они предпочли бы, чтобы их не упоминали в этом контексте, а также - если я не упомянул кого-то, кто хотел бы присутствовать в этой книге. В конце концов: эта книга — не автобиография, а всего лишь мой творческий метод повествования о прошлом. Поэтому я считаю эту книгу художественным произведением, написанным с желанием оживить мои самые яркие воспоминания и почтить память некоторых людей, с которыми я встречался и которые оставили у меня неизгладимые впечатления. Кроме того, я хотел оставить своим детям и внукам что-то личное — о чем можно подумать и вспомнить, когда меня не станет.

Эта книга о моем поколении и его наследии, об утраченной связи между прошлым и настоящим, столь необходимой и так часто разрываемой из-за жизненных неурядиц и бесконечных атак всех злых сил на семьи и их ценности. Это также рассказ младшим о моих личных успехах и ошибках, чтобы они не повторяли некоторые из них. Я знаю, по большей части это бессмысленно, потому что каждое поколение хочет совершать свои ошибки - как неизбежная часть мировой эволюции. И последнее, но не менее важное: как гласит мудрость: «Каждый человек должен вырастить ребенка, посадить дерево и написать книгу». Будем считать эту книгу выполнением моей задачи. И если будущий читатель во время чтения улыбнется или прослезится — я буду считать свою задачу выполненной.
Роман Литовский.
Sarasota, Флорида, 2023 г.

НИКОГДА НЕ ПОЗДНО

Когда я был в детском саду, я постоянно болел. Это была ужасная ситуация для моей мамы, которая не могла нормально работать. Были две основные причины, по которым я не мог посещать детский сад более двух недель подряд: мое хрупкое здоровье и бессовестная практика многих городских детских садов.

Первая причина была предсказуема: ребенок, родившийся в большом городе, у которого двое работающих родителей живут в одной десятиметровой комнате десятикомнатной коммуналки, на пятом этаже под крышей дома, редко мог быть здоровым. У меня всегда были опухшие миндалины, а любой перепад температур сразу же вызывал ангину.

Вторая причина была интереснее. В государственном детском саду, где на попечении каждой воспитательницы было двадцать, а то и больше (!) маленьких детей, переполненность была настоящей проблемой. Неудивительно, что менеджеры нашли способ решить эту проблему: после дневного сна, когда всех ребят сажали на ночные горшки, они открывали окна... Холодный свежий воздух быстро охлаждал детей, теплых и потных после сна под одеялами; а на следующий день половина из них заболевала, что снижало нагрузку на персонал. Можно ли было найти лучший детский сад? На этот вопрос был шуточный ответ: «В принципе — да. Просто скажите мне, где этот *Принцип* находится…» Хорошие детские сады были доступны только «слугам народа», так называла себя правящая классовая элита в СССР.

Моя мама пробовала разные способы решить проблему с детским садом. На какое-то время она взяла меня с собой в роддом, где работала акушером-гинекологом. Во внутреннем больничном дворе была небольшая, размером с гараж, котельная, которой управлял один человек — Дядя Дмитрий. Утром моя мама отводила меня туда на его попечение, с маленькой коробкой для завтрака, бутербродом и соком и шла на работу. Дмитрий был котельщиком. Он открывал тяжелую железную дверь печки, брал полную лопату угля и бросал ее внутрь. Печь горела яркими искрами. В этой комнате было тепло и уютно. Когда мне было скучно, я бродил по территории больницы, совал нос во все дыры, наблюдая, как мужчины приводят своих жен, а затем через несколько дней забирают их домой с маленькими краснолицыми младенцами. Интересно было смотреть как счастливые мамы показывали мужьям сквозь оконные стекла своих детей. А мужья стояли на улице и выкрикивали какие-то веселые глупости своим женам. Это длилось недолго. Какой-то начальник больницы заметил меня и потребовал от мамы, чтобы меня забрали.

Однажды мама отвела меня к одной пожилой женщине по имени доктор Корф. Она когда-то работала врачом в той же больнице, но сейчас была на пенсии и согласилась смотреть за мной в течение дня. Доктор Корф жила одна в комнате в старом пятиэтажном доме без лифта, расположенном в Печерском районе, недалеко от городского банка — самой респектабельной части Киева. Эти большие каменные здания были построены в начале двадцатого века и должны были вмещать одну семью на каждом этаже. После Второй мировой войны эти огромные квартиры были разделены и в каждой из них размещалось столько семей, сколько было комнат, обычно от пяти до десяти. Семьи делили одну общую кухню и одну ванную комнату. Доктор Корф было под шестьдесят пять лет, она была маленькой милой женщиной, любила детей, но никогда не имела своих. Когда пришло время обеда, она приготовила мне *латкес* — картофельные оладьи, которые сильно поджаривала и назвала их *хрустики* . Я до сих пор помню их вкус. Она читала мне хорошие книги и рассказывала забавные истории, которые придумывала на лету. Некоторые ее рассказы были определенно не для моего возраста, но я воспринимал их как любые другие сказки, понимая их смысл много лет спустя. В одном из своих рассказов молодая женщина по имени Лиза пришла в больницу рожать и после того, как родила здоровую девочку весом 3,5 кг, сказала, что оставит ее в больнице, потому что у Лизы не было мужа и некуда было идти. Как я узнал спустя годы, такая история в те времена случалась довольно часто. После выписки Лизы, доктор Корф на несколько дней забрала ее домой, пока Лиза не связалась с родственниками, которые помогли ей найти жилье, а затем и работу.

Из-за моих проблем с детским садом моя мама не могла дождаться, пока мне исполнится семь лет, чтобы поступить в первый класс школы. Вместо этого с помощью моей тети (ее сестры), которая преподавала математику в одной из киевских школ, она отдала меня в первый класс, когда мне было шесть лет.

Это создало множество проблем с адаптацией в моей школьной жизни: в первых классах я был меньше своих сверстников (и иногда меня били...), а в средней школе меня презирали девочки (девочки растут быстрее в средней школе). Должное место в школьной среде я получил только в старших классах, когда ум и индивидуальность стали доминирующим фактором в отношениях между учениками.

Где-то в студенческие годы, когда мамы уже не было, я вспомнил дни, проведенные с доктор Корф. К моему сожалению, я даже не запомнил ее полное имя. По памяти я нашел ее дом, поднялся на четвертый этаж и позвонил в один из многочисленных звонков на двери, в этой квартире все еще проживало много семей. Дверь открыла молодая женщина и на мой вопрос о доктор Корф сказала, что никогда не слышала такого имени. Ну, судя по всему, доктор Корф умерла давным-давно, еще до того, как сюда въехала эта женщина. Я опоздал.

* * *

Наши первые три недели в США мы провели с Кеном и Элли, живущими в Lexington. Кен был дантистом на пенсии, а его жена Элли — бывшей медсестрой. Все их дети были взрослыми – сын и две дочери. У них был пустой двухэтажный дом с тремя спальнями на втором этаже, и они великодушно предложили нам две спальни. Чтобы понять уровень их щедрости, я должен сказать, что Элли переживала свою последнюю и самую ужасную стадию неизлечимого рака и носила на поясе инжектор морфия. Но в моей памяти осталась только ее улыбка, ее умение видеть красоту жизни и, самое главное, ее материнское отношение к моей жене и всей нашей семье. Глядя сегодня своими глазами на нас в те дни, я, наверное, не был бы таким милым — я был бы критичен, назидательным и строгим по отношению к новичкам, которым еще предстоит пройти долгий путь, чтобы найти свое место в этой новой жизни. Мы получили хороший и дружеский старт, который помог нам очень быстро акклиматизироваться в новой жизни.

После того как мы переехали в новое арендованное жилье в Waltham, мы продолжали поддерживать связь, особенно в течение первого года. Элли водила нас по различным магазинам, обучая, как и где покупать одежду и предметы домашнего обихода, а Кен знакомил меня с Home Depot и другими «мужскими» достопримечательностями. В своих советах он был очень тактичен, не читал мне лекций о том, что хорошо, а что плохо, а лишь слегка указывал мне правильное направление. Я к этому не привык и путал его мягкость с недостаточной важностью того, о чем он говорил. В то время я ездил на потрепанной машине AMC Concord, которая не только была проржавевшей, но и имела колеса с неустановленным развалом. Из-за этого она сжевала новые шины всего за три месяца. Раньше у меня никогда не было машины, поэтому я понятия не имел, насколько сильно изнашиваются шины и как это опасно. Однажды, после нашего визита, Кен указал на шины моей машины и сказал: «Шины твоей машины лысые, нужно их заменить». Я согласился и решил сделать это в следующем месяце (или, может быть, через два месяца). Жена Лариса в то время брала курсы в Burlington, поэтому я отвозил ее туда, а потом забирал. Однажды вечером после ее занятий я ехал во время сильного дождя по улице в Lexington и остановился на красный свет. Это было то, что я хотел, но вместо этого моя машина продолжала скользить, развернулась на шестьдесят градусов и врезалась в бордюр. В результате этого столкновения взорвались оба передних колеса. Как мне повезло, что рядом не было ни пешеходов, ни машин. Мой природный инстинкт экономии стоил мне в два раза больше денег: мне пришлось заплатить за эвакуатор, а Ларисе после получаса ожидания пришлось заплатить за Uber, извините, за такси — это было за двадцать лет до Uber…

К сожалению, настал тот трагический день — когда нам пришлось прощаться с Элли на ее похоронах. Приехала вся семья Кена и Элли, включая их дочь из Калифорнии, с которой мы никогда раньше не встречались. Она сразу почувствовала что-то между мной, Кеном и ныне покойной Элли и удивилась: «Кто эти люди?» Я был доволен: если то, что я чувствовал к Кену и Элли, было так мгновенно заметно человеку, с которым я даже не знаком, это должно было быть реальным!

Мы окунулись в нашу новую жизнь; одинокий Кен пытался склеить осколки своей. Он смог найти подругу, которая сделала его жизнь гораздо более сносной. Но судьба оказалась непреклонно беспощадной: некоторое время спустя умерла дочь Кена в Калифорнии, а потом умерла и его вторая дочь Джойс от той же болезни, что и Элли. Вся женская линия этой некогда большой семьи была опустошена! Я до сих пор не могу простить себя, когда однажды позвонил Джойс и оставил сообщение на ее телефоне с просьбой дать совет и, возможно, помощь в попытке решить проблемы со здоровьем моей жены: ей с годами и становились все хуже и хуже. Джойс не ответила. Через месяц мне сказали, что она умерла, оставив своего прекрасного мужа Тони с двумя маленькими детьми... Похороны молодой красивой матери были сюрреалистическим событием, именно таким я это запомнил.

Когда Кен умер, я этого не знал. Возможно, его подруга, организовавшая похороны, просто нас не знала. Была бесснежная зима, и я почему-то начал думать о Кене. По пути домой с работы я без особых церемоний развернулся и поехал в Lexington. Я помнил его адрес наизусть — свой первый адрес в новой стране никогда не забудешь. Когда я добрался до дома, я был ошеломлен — в доме было темно и он выглядел необитаемым. Я позвонил, просто чтобы убедиться... но никто не ответил. Когда я пришел домой, я сразу посмотрел в Интернете... Кен умер в своем доме месяц назад. Я опять опоздал.

Но, у него ещё был младший сын Нил, с которым мы были знакомы. Я нашел Нила; он работал менеджером отделения банка в Boston. Я связался с ним, узнал его адрес и отправил ему в благодарность небольшой подарок. На открытке я написал: «Это наша благодарность твоим отцу и матери; теперь, пожалуйста, прими это сам». Помогло ли это как-то Кену или Элли? — Нет, все, что мы делаем в таких ситуациях, мы делаем для себя, чтобы почувствовать себя лучше и уменьшить боль, которую мы испытываем от потери людей, которых мы любили или были близки в прошлом.

* * *

ЭТА ИСТОРИЯ ТЯНУЛАСЬ на протяжении пятидесяти лет. Моя школьная подруга Света после окончания школы не смогла поступить в институт. Она подавала документы в Государственный университет имени Шевченко, лучший и самый антисемитский институт Киева, но ее не приняли. Конечно, она была блестящей ученицей, намного превосходящей большинство абитуриентов института, в этом нет сомнений. Меня приняли в Киевский Политехнический институт, но только на самый худший факультет, да и то с большими трудностями.

Так случилось, что наши пути разошлись: я был занят, идя на занятия в институт, ей пришлось сидеть дома, думая о том, как несправедлива жизнь. Ее мать, понимая психическое состояние дочери, нашла решение: она записала Свету в техническое училище, где студентов учили паять электронные схемы, не говоря уже об их проектировании. По крайней мере, Света могла посещать какие-то занятия, как это делали большинство ее сверстников.

Так она отсидела полный семестр, устроилась на какую-то низкооплачиваемую работу и через полгода смогла поступить в тот же госуниверситет, но теперь на вечернее отделение. Вечернее отделение существовало, чтобы помочь работающим днем студентам получить высшее образование не оставляя работу. Там можно было получить диплом института, так же, как и на дневных курсах.

Несмотря на то, что мы все равно время от времени виделись, наши пути начали расходиться всё сильнее. Наши отношения к этому времени остыли и эти внешние события лишь закрепили в нашем сознании то, что уже произошло. Иногда я думал, что она мне не подходит — она была девочка-принцесса, ожидающая, что ее парень будет для нее всем: другом, отцом, защитником, будущим любовником, но при этом она ничего хотела давать взамен. Мне нужна была девушка, которая могла бы стать центром моей жизни, с сильным материнским инстинктом для создания семьи. Света этому образу определенно не соответствовала. Я тоже не оправдывал ее ожиданий. Она мне однажды рассказала, что ее мать, имевшая на Свету сильное влияние, сказала ей, что никогда не отдаст её мне в жены. На самом деле это имело большой смысл: в конце концов я согласился с этой оценкой: будучи подростками, мы были не лучшей парой. Конечно, со временем я развил в себе качества, подходящие для мужчины. Но это произошло гораздо позже: тогда мы лишь соревновались друг с другом — наивное поведение не совсем взрослых еврейских детей.

Однажды вечером я пошел к ней в университет к концу занятий, надеясь увидеть ее и проводить домой. Занятия закончились, и большая толпа студентов вылилась через дверь на улицу. Я стоял в нескольких шагах от аллеи. Наконец-то я увидел Свету. Ее сопровождал какой-то студент, они разговаривали, глядя друг на друга. Света прошла мимо меня на расстоянии вытянутой руки, не заметив. Я стоял, потеряв дар речи, и даже не смог позвать её — видеть её с новым другом было очень больно. Придя в себя, я просто пошел домой.

Все было трогательно и предсказуемо — каждый человек хотя бы раз в жизни попадет в одну и ту же ситуацию любовного треугольника, и это всегда больно. Наш последний разговор о расставании произошел несколько месяцев спустя; Света рассказала мне, что влюблена в Колю (так его звали) и поблагодарила меня за то, что я был с ней все эти годы, давая ей возможность осмотреться и найти подходящего спутника жизни. Интересная женская логика...

Мы по-прежнему оставались друзьями, но с этого момента наши жизни находилась в параллельных мирах. Я окончил институт, женился, завел детей и работал в научно-исследовательском Институте Полупроводников. Она тоже закончила университет, вышла замуж за того парня, с которым я ее встретил, у них родилась дочь и они жили счастливо. Не случайно оба они работали в одном и том же Институте Физики, прямо через дорогу от меня, поэтому время от времени мы со Светой гуляли вместе во время обеда, наслаждаясь хорошей погодой в окружающем лесопарке. Глядя назад, я признаю, что выбор мужа Светой был правильным. Коля смог дать то, что ей было нужно — он даже стал ее научным руководителем и коллегой во многих научных проектах — они были как научная команда, дополняя друг друга. Скорее всего, в семье они вели себя так же.

Помню, как увидел ее еще раз, через два года после чернобыльской катастрофы. Она шла мимо нашего института со своей дочкой Аней. Выглядела она ужасно — на ней был какой-то капюшон, защищающая голову, но от чего? Радиация в воздухе в то время была ничтожной... В следующем году я эмигрировал из СССР и после этого мы поселились и жили в США. Света никогда не покидала Киев навсегда. Для меня до сих пор остается загадкой, почему? Коля был наполовину евреем и если бы они захотели, то могли бы получить в то время статус беженцев. Скорее всего, их научная карьера сложилась успешно, и они не хотели ее разрушать. Что ж, каждый человек является хозяином своей судьбы.

Многие годы я время от времени следил за присутствием Светы в Интернете. Она активно публиковала научные работы, ездила по всему миру на научные конференции, но никогда не печатала свои фотографии, даже в журналах, где это было принято. У меня был адрес её электронной почты и номер телефона, но я не мог решиться связаться с ней. Недавно я наконец решился на это. Я отправил ей электронное письмо, в котором кратко описал свою жизнь, расспросил о ее и в конце сказал, что мне очень жаль, что мы так долго не общались, и что я хотел бы это исправить, если это не слишком поздно. Ответа не последовало. Она также исчезла со сцены и публикаций больше не было. Еще я обнаружил, что Света уже более четырех лет не работала на старом месте работы. Догадавшись, я отправил письмо Ане. Аня стала большим учёным, защитила докторскую степень, написала множество классных научных работ — она намного превзошла своих родителей! Аня мне тоже не ответила. Возможно, адрес электронной почты был неправильным...

Итак, я написал одному из соавторов Светы из последней публикации, которую мне удалось найти. Через два дня я получил от него ответ, в котором сообщалось, что Света умерла от рака в 2019 году, четыре года назад.

Я до сих пор слышу ее голос, спрашивающий меня: «Ромка, как дела?» Мы были еще детьми, молодыми и неиспорченными. У нас было первое прикосновение, первый поцелуй и я ничего не забыл. Мы были друг для друга ориентиром — все наши дальнейшие встречи в жизни мы измеряли по отношению к этому. За это Света была мне благодарна. Я ей тоже благодарен. В пору взросления, когда весь мир выглядит неприветливым и неизведанным местом, мы *были друг у друга* — чтобы поделиться своими сокровенными мыслями, чувствовать присутствие, видеть любящую улыбку, говорить друг другу «Привет!», все это и есть то, что называется первой и незабываемой любовью. Мне хотелось напомнить об этом Свете, подбодрить ее сейчас, когда моя внучка вот-вот ее возраста. Берегла ли Света наши совместные воспоминания, как я? Я этого никогда не узнаю. Я опоздал спросить.

* * *

Что ж, после того как я рассказал вам все эти истории, показывающие, почему *никогда не поздно*, я хочу перефразировать то, что уже давно говорили бесчисленные мудрецы в прошлом: «Мы не можем изменить прошлое, но мы можем извлечь из него уроки и стать умнее и лучше в будущем». Нам надо анализировать прошлое, будь то приятный или болезненный процесс и, в конце концов, мы должны закрыть эти страницы, чтобы иметь возможность открыть новые. Но если вы все еще сомневаетесь, почему *никогда не поздно*, спросите своих близких. Может быть, они дадут вам ответ?

* * *

ПОДАРОК НА ДЕНЬ РОЖДЕНИЯ

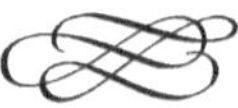

Некоторые люди верят в *судьбу*, думая, что есть что-то особенное, назначенное Всевышним каждому из нас, и наша задача в жизни – просто открыть это. Я думаю, что мы рождаемся с множеством наследственных черт, позволяющих нам заниматься многими видами деятельности. И мы выбираем ту возможность в жизни, которая резонирует с нашими природными способностями, но такую возможность обязательно нужно сначала *увидеть*; это произойдет, когда жизнь играет в лотерею, давая нам шанс попробовать и то и это. Поэтому я верю, что та счастливая возможность, которая станет нашей судьбой, зависит во многом от нас - от нашей способности ее заметить, оценить и полностью принять. Вот моя история.

Мы все любим подарки на день рождения, особенно когда мы дети. Некоторые из подарков – те, которых мы ждали долгое время, некоторые – неожиданные, ставшие нашими самыми ценными и важными подарками. В моей жизни тоже был такой подарок.

Я учился в шестом классе средней школы, это был конец учебного года, и мои родители решили отпраздновать мой день рождения — типичная семейная встреча, на которой дяди, тети и друзья семьи собираются вместе, чтобы пообщаться, поесть, выпить и кстати отметить день рождения сына (меня). Мне было скучно на этих вечеринках, когда взрослые разговаривали друг с другом, видимо, веселились и быстро забывали, зачем вообще пришли сюда.

Но среди моих подарков была коробка размером с книгу, в которой находился комплект электроники для карманного СВ-радиоприемника.

Мне хотелось бы вспомнить, кто его принес, но я не помню. Те, кто вырос в то время в США, наверняка знакомы с комплектами электроники Heathkit, но в СССР они были неизвестны. Внутри коробки находился красивый пластиковый корпус для радиоприемника, феноловая плата с пробитыми под детали отверстиями, динамик, пара трансформаторов и плоская ферритовая антенна. Кроме единственного листа бумаги с напечатанной схемой, больше ничего не было.

Имея теперь четырех внуков, я активно занимаюсь покупкой всевозможных электронных конструкторов: хорошие конструкторы продаются с профессионально изготовленными печатными платами, полными комплектами деталей и красивыми цветными руководствами по сборке с пошаговыми картинками. С распространением *всего китайского*, руководства часто отсутствуют, их заменяют QR-коды, позволяющие мобильному телефону или iPad подключиться к какому-либо веб-сайту с онлайн-руководством (и вам повезло, если руководство на английском, а не на китайском языке). Но в моем наборе больше ничего не было...

После вечеринки я спросил папу: «Что мне делать? У меня нет всех деталей, и я не понимаю, как это радио работает». Ну, он был готов помочь мне с ответом на первый вопрос, второй оставил без ответа (папа у меня был инженером-электриком, работал в метрологии, радио не было его специальностью). Очень скоро он принес мне некоторые детали от старой ламповой электроники: их размеры были раз в десять больше, чем детали для платы карманного радиоприёмника. У нас не было магазина радиодеталей для электроники во всем Киеве (!), поэтому папа привез мне еще несколько конденсаторов и сопротивлений из Москвы, куда в следующем месяце поехал в командировку.

Наконец-то у меня было все — коробка из-под обуви, полная деталей, паяльник с толстым жалом, не предназначенный для тонкой работы (лучшего я не нашел), и я был готов приступить к сборке. Мне не надо было быть Эйнштейном, чтобы понять, что весь этот набор не поместится в маленькую коробочку, поэтому я нашел простое решение — нарисовал схему на крышке обувной коробки (она была белая, очень удобно), пробил дырочки для деталей, вставил их в нужные места, а затем, при своих плохих навыках пайки, сделал все соединения схемы с другой стороны.

Теперь о радио. Первыми крупными компаниями, массово производившими карманные радиоприемники, были Sony, Zenith и Emerson, а мой набор представлял собой упрощенную копию ранних моделей, разработанных и продававшихся в 50-х и 60-х годах. В то время все радиоприемники работали на транзисторах, микросхемы для радио были изобретены и разработаны гораздо позже. Транзисторы были дорогими, и инженеры очень старались создавать электронные устройства, минимизируя их количество для снижения стоимости изделия. Очень часто радиоприемники показывали количество транзисторов на корпусе, как правило, от 6 до 10. Мой радиоприемник был простого типа «прямого усиления» и имел всего 5 транзисторов: 2 для усиления радиочастот и 3 для звуковых частот. Тем не менее это была сложная схема, не допускающая ошибок.

Еще мне пришлось сделать магнитную антенну — это была кропотливая работа: делать длинную однослойную обмотку из тонкого покрытого лаком провода, зачищать концы и припаивать её к остальной части схемы. Антенна также подключалась к конденсатору настройки, выбирающему частоту радиостанции. Когда я это делал, я уже имел какое-то представление о том, как работает радио, или по крайней мере я так считал, что имел — спросить было не у кого. В любом случае, это не имело значения — моя задача заключалась в том, чтобы просто собрать эту схему. Я подключил динамик, батарею Крона 9 вольт и повернул ручку: мое радио приняло местную радиостанцию, и я услышал по-украински: «Говорит Киев!»

Позже я построил десятки радиоприемников, окончил институт и стал инженером-электронщиком. За свою карьеру я спроектировал и построил сотни различных электронных схем, но ни разу они не заработали с первого раза. Сколько бы внимания и усердия я ни вкладывал в это, мне всегда приходилось устранять неполадки, исправлять ошибки, часто — множество ошибок. Но этот *первый* радиоприемник, собранный на обувной коробке из огромных допотопных деталей, заработал с первой попытки! Я был поражен и безумно рад!

Не думайте, что я никогда раньше не слышал радио. Совсем наоборот — у нас дома была старый ламповый Telefunken с большим динамиком, светящейся передней панелью, на которой были названия европейских городов и зеленый «мигающий глазок» индикатора настройки. У нас также был 10-транзисторный радиоприемник Спидола, сделанный в Риге, Латвия, — копия Philips World Radio. Но *мое* радио было другим: я начал с кучи деталей, которые собрал в схему — радио принимало радиосигналы, приходящие издалека, и преобразовывало их в звуковые волны голоса и музыки. Это было волшебство... Вдохновленный этим, я захотел показать это всем своим друзьям во дворе: я положил коробку из-под обуви в сумку и вынес ее на улицу, чтобы продемонстрировать. К моему большому разочарованию, мои друзья не были впечатлены... Но я был, и этого было достаточно. И с тех пор я стал одержим созданием радиоприемников.

Еще четыре месяца ушло на создание «второго прототипа» радиоприемника в коробке карманного размера. Я сделал много попыток, потому что пайки у меня не держались, радио работало с перебоями и, несмотря на все усилия по миниатюризации, задняя крышка не закрывалась. Чтобы решить эту проблему, мне пришлось увеличить глубину радио. Это по-прежнему было карманное радио, но теперь — в кармане побольше.

Если мне суждено было стать инженером-электронщиком, я нашел это, и это стало моей судьбой. Но вероятность такого счастливого исхода была очень мала. Я оцениваю - менее 1%, потому что, если бы мой первый радиоприемник не заработал, у меня не было никаких шансов его починить - без реальных знаний принципа его работы и при отсутствии инструментов и измерительных приборов. Тогда бы я разочаровался и начал искать что-то другого. Но, в таком случае, интересно - какие же мне были уготованы другие судьбы? К сожалению, я никогда этого никогда не узнаю.

* * *

МЕТОД ДЕТЕРМИНАНТОВ

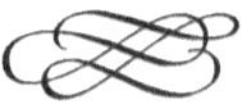

Во все времена учителей недооценивали. Они не самые уважаемые в обществе и уж точно не самые высокооплачиваемые. Самая большая их награда — это уважение и любовь учеников, на которых преподаватели имеют огромное влияние, хотя реальный размах его раскрывается лишь лет через десять, или больше, когда ученики выходят в реальную жизнь. Я хотел бы вспомнить моих хороших учителей, которые повлияли на мою жизнь.

В 6 классе я учился не очень хорошо. Для этого было много причин. Во-первых, многие учителя, как это было принято в наших школах того времени, ставили внешний вид выше содержания, особенно в отношении тетрадей для домашних заданий. Им хотелось, чтобы все было написано четко, без помарок, капель чернил и размазанных букв. Мы писали металлическими ручками с вставными наконечниками и жидкими чернилами, шариковых ручек еще не было. Мое письмо было едва разборчивым, и мой стиль мышления был таким: сначала напиши, потом исправь и улучши.

Во-вторых, я не видел никакого смысла в хороших оценках - у меня не было реального стимула или спортивного интереса, который мог бы пробудить во мне стремление к совершенству. Поэтому, когда мой папа в конце недели расписывался в школьном табеле, он был очень разочарован. Он сказал: «Опять у тебя тройки по многим предметам, даже по математике…» Я сказал: «Ну и что? Многие из моих одноклассников тоже имеют тройки». Для меня не было разницы между мной и *ими*, но *для* моего папы эта разница существовала. Он сказал: «У них может быть тройка, но у тебя *должна пятёрка с плюсом*, потому что ты *еврей*!» Мне потребовалось несколько лет, чтобы понять, что он имел в виду. Но в этот момент я ответил: «*Я делаю домашнее задание и знаю математику!*» Это заявление насторожило папу: одно дело, когда сын получает трояки из-за того, что не учится, и совсем другое, если он знает материал, но учитель почему-то ставит ему плохие оценки! Итак, мои родители решили прийти в школу и встретиться с моим учителем математики.

Мой учитель математики, Павел Никифорович - был особенным человеком: ему было около пятидесяти лет, невысокий мужчина пяти футов ростом, с очень широкими плечами и квадратным телом. Волосы у него были черные, а глаза были разного цвета: один голубой, а другой зеленый. Он был вежлив, но тверд. Когда один из наших известных в классе плохих учеников решил сорвать класс, и после неоднократных попыток учителя навести дисциплину, проигнорировал его, Павел Никифорович схватил хулигана за воротник рубашки и вышвырнул из класса, так что тот открыл дверь головой. Конечно, весь класс смотрел это представление с большим энтузиазмом. Это было задолго до эпохи «полит-корректности». В другом случае одна девочка, известная в школе не только как двоечница, но и по слухам, занимавшаяся сексом в несовершеннолетнем возрасте (во все времена одно и то же), получила от него выговор за то, что не сделала домашнее задание. После чего она сказала, что пойдет на реку и утопится, тогда Павел Никифорович демонстративно заявил: «Дерьмо не тонет, оно плавает!»

Итак, через несколько дней после занятий произошла

встреча Павла Никифоровича, моих родителей и меня. Папа начал: «У Романа плохие оценки по математике, но он говорит, что знает материал. Вы можете проверить его прямо сейчас?» Я был отцом двух школьников, и такая сцена для меня совершенно невообразимая - в любом случае, стыдно будет либо моему сыну, либо его учителю, что с моей точки зрения неэтично. Но Павел Никифорович не отказался и согласился проверить меня прямо в присутствии моих родителей. В течение следующих нескольких минут он задавал мне вопросы по нашей школьной программе по математике, и я отвечал на всё правильно. Он был хорошим человеком и, если бы он хотел спасти свою гордость, он мог бы легко завалить меня, задав мне супер-трудные вопросы, но он был справедлив. Мои родители были явно довольны. Они поблагодарили учителя, и мы пошли домой. Всю дорогу домой мой папа улыбался: его сын не подкачал!

Через несколько недель Павел Никифорович объявил в классе: «Я открываю внеклассный математический кружок. Приглашаю всех!» Конечно, я пришел на первое занятие, где увидел еще пятерых одноклассников. Павел Никифорович сказал: «Мы недавно начали решать системы двух линейных уравнений с двумя неизвестными. Я показал вам метод их решения, когда, найдя первое неизвестное из первого уравнения мы подставляем его во второе. Это очень утомительный метод. Здесь я научу вас другому, гораздо более элегантному методу, используемому профессиональными математиками. Этот метод называется «Метод детерминантов!» Это звучало загадочно и интригующе. Наше любопытство зашкаливало.

За первые 2-3 класса математического кружка мы изучили этот метод, который, кстати, регулярно преподается на всех институтских курсах математики как матричный подход к линейным уравнениям. Когда пришло время следующей контрольной работы по математике и мне нужно было решить систему линейных уравнений, я с гордостью использовал этот метод, быстро получив необходимый ответ и чувствуя себя знающим и всесильным. Неудивительно, что с этого момента мои оценки по математике были только пятерки, и так продолжалось всю жизнь. И не потому, что Павел Никифорович проявил ко мне какое-то особое отношение, а потому, что он показал мне вкус быть на высоте, вкус - выполнять свою работу элегантно и с классом. Это то, что, почувствовав один раз, я никогда не забыл и хотел повторить снова и снова.

Некоторые учителя использовали совершенно другие способы, чтобы привлечь своих учеников к учебе. В моей школе в 8 классе учительницей математики была Людмила Александровна Старинская. Она определенно хотела, чтобы ее ученики посвятили себя математике, и ее методом была «скептическая ирония». Как это работало на практике? Она поддевала своих учеников: «Итак, Роман, как насчет этого уравнения, слабо?» Конечно, это задевало моё самолюбие, и моей естественной реакцией было: «Нет, я могу это сделать!» И мы упорно трудились, чтобы доказать ее неправоту! Мы любили ее, потому что чувствовали, что за фасадом иронии скрывается хороший человек, любящий своих учеников и заботящийся о них.

Но жизнь несправедлива... После года преподавания у нас она на летних каникулах поехала навестить родственников в Ригу, спокойный старомодный вполне европейский город в Латвии. Там, переходя улицу, ее сбила проезжающая машина. Какая нелепая смерть...

В 9 и 10 классах нашей учительницей математики была Вера Марковна Розенберг. Она была всего на четырнадцать лет старше нас, но мы воспринимали ее, как и всех других учителей - как принадлежащую к другому поколению, наравне с нашими родителями. Мы называли ее между собой Марковной, просто для краткости. Ее стиль преподавания тоже был другим: Марковна открыла нам дверь в мир математики и исследовала его вместе с нами, наслаждаясь красотами пейзажей и заставляя нас чувствовать то же самое. На ее занятиях все было спокойно, понятно и элегантно. Даже самые сложные математические разделы в ее изложении были простыми и очень скоро становились частью нашего собственного недавно приобретенного набора "инструментов", который мы были готовы использовать в нашей будущей жизни.

Марковна была педагогом особого типа, делавшим свою школьную жизнь почти неотличимой от личной жизни, учительницей, которая приносила в школу всю свою материнскую любовь и делилась ею с учениками. Это был редкий дар, его ощущали многие студенты, особенно те, кто увлекался математикой и мог в полной мере воспользоваться предоставленной уникальной возможностью. Я был одним из них, и мои уроки математики в течение последних двух лет в школе стали самым приятным воспоминанием за все мое школьное образование.

В начале 90-х годов в киевских школах начали настаивать на том, чтобы Украинский язык стал основным (в отличие от русского, который доминировал десятилетиями и навязывался нашими московскими «правителями»). Марковна никогда не преподавала на Украинском языке, как и большинство киевлян, которые Украинский язык знали, но в повседневной жизни им не пользовались. Несмотря на это, она создала полный словарь украинских математических терминов и начала преподавать на Украинском языке, став лучшим учителем математики, использующим национальный язык в средней школе. Кстати, еще до этого ее еще и назвали лучшим учителем математики в городе!

Я уехал из СССР в 1989 году, а Вера Марковна Розенберг - в 1993 году. В США была совершенно другая, очень интенсивная жизнь, и я не думал о своих школьных учителях более тридцати лет. Несколько лет назад я решил ее найти. Будучи двуязычным, я использовал как Google, так и русские поисковые системы. Несмотря на все мои усилия, все ссылки вели в никуда, все номера телефонов, найденные поисковыми системами, были отключены или принадлежали другим людям. Недавно я повторил те же поиски, но результаты были теми же. Видимо, я слишком поздно решил искать свою учительницу…

Разочарованный, я поделился своими мыслями с сыном Костей. Он спросил: «Как ты пишешь по-английски ее имя, через C или Z?» Это была вспышка молнии в моем сознании! Раньше я писал ее имя Rosenberg. Я нашел с десяток людей с таким именем, но не ее. Теперь я искал Rozenberg и мне потребовалось меньше часа, чтобы найти имя одного из ее бывших учеников, который продолжил дело учителя и создал некоммерческую организацию Международная школа № 145, занимающуюся преподаванием. Имя Веры Марковны значилось в числе руководителей. Я позвонил этому человеку и с трепетом в сердце спросил о Вере Марковне. Он помолчал секунду, а затем сказал: «Да, я разговаривал с ней шесть месяцев назад». Это был большой сюрприз!

Как я выяснил, Вера Марковна все это время после приезда в США жила в Нью-Йорке! Я позвонил ей и к моему большому удивлению и удовольствию, она меня узнала, учитывая, что ее пожизненный стаж в киевской школе № 145 был 28 лет. Она чувствовала себя хорошо и была рада услышать голос одного из своих старых учеников. Надеюсь, что впредь я не потеряю с ней связь. Наш долг – подбодрить и помочь, когда это необходимо, нашим бывшим учителям, которые помогли нам стать самими собой. Если не мы, то кто?

Спасибо Вам, наша любимая учительница!

ВЕНИК

Было раннее утро, мы с родителями сидели в нашей крохотной кухне и завтракали. Мой папа сказал: «Я слышал, что открывают новую среднюю школу для талантливых учеников с глубоким изучением физики и математики. Тебе скучно в школе, ты бы хотел пойти туда?»

Я спросил: «Где эта школа?»

Так получилось, что в обычной школе №145 планировалось открыть среди 9 обычных классов в каждом уровне, по три класса специального обучения по физике и математике. Я подал документы, меня пригласили на вступительный экзамен, и я легко его сдал — руководство школы только запустило эту инициативу и принимало туда почти всех желающих. Проблема заключалась только в том, что школа находилась довольно далеко от того места, где мы жили: обычно мне требовалось сорок пять минут, чтобы добраться до нее на троллейбусе и трамвае.

В обычной советской школе были 1-10 классы, эта школа была ближе к американским старшим школам — 8-10 классы. Школьная программа была составлена так, чтобы соответствовать стандартной программе средней школы, за исключением того, что по физике и математике вместо двух-четырех уроков в неделю у нас было восемь. Но вдобавок к этому у нас были физические лаборатории, а учебная программа по математике и физике была разработана так, чтобы имитировать учебную программу первого года обучения в техническом институте. Учитывая, что математика на первом курсе института включала математический анализ и программа по физике тоже была основана на нем, программы этой школы давали существенное преимущество всем ее студентам, которые были в состоянии с ней справиться.

Было три физмат класса: А, Б и В, которые были заполнены в первый год этого эксперимента, который начался в 1966 году, но до сих пор проводится с большим успехом. Мой лучший друг Марк тоже подал документы, но, к нашему глубокому разочарованию, нас распределили в разные классы. Видимо, мы были не единственными друзьями, которых разлучили, поэтому на первом родительском собрании кто-то поднял этот вопрос. Учителя передали вопрос директору и каким-то образом мы узнали его ответ: «Я не могу превратить мою школу в синагогу!» По национальности он был украинцем и он, вероятно, имел в виду не синагогу, а Хедер (начальную еврейскую школу, где обучают чтению Торы, полностью ликвидированную в СССР), но мы не будем его винить. Это был порядочный человек с хорошими профессиональными качествами, высокий, худощавый, всегда одетый в черный костюм. Это была советская школа, и когда среди 90 студентов физматов, оказалось 30 еврейских детей, у него не было другого выбора, кроме как разбить их на три равные группы по 10 учеников и поместить в три разных класса. Говоря современным языком, это был бы не антисемитизм, а «политкорректность».

Нашим учителем физики был Вениамин Давидович Кавнадский , который с того самого дня получил свое лаконичное имя — Веник . С домашним веником ассоциации ни у кого не было, это было просто его имя, сокращенное для удобства. Веник не только преподавал в этой школе, но и фактически жил в ней. За три года обучения я ни разу не видел, чтобы он приходил в школу или шел домой. Он всегда был там! Класс физики находился на четвертом этаже в кабинете №30, там и жил Веник. Он был крепкого телосложения, лет пятидесяти, слегка лысоватый, с замедленным пронзительным взглядом, который приводил всех его учеников в психическое состояние, подобное маленькой мышке, стоящей перед большой кошкой. Это не мешало ему иметь великолепную еврейскую улыбку, которую мы время от времени имели честь видеть.

В первый день занятий Веник обьявил, что вся годовая программа по физике будет разделена на двадцать глав. Во время занятий он будет читать только лекции или давать нам письменные контрольные, но потом каждый студент должен прийти к нему в лабораторию в любое время, в любой день недели и сделать мини-презентацию материала, согласно всем этим главам. Ух ты! В наших предыдущих школах такого никогда не было. Подсчитайте: 30 студентов по 20 глав дают 600 презентаций. Если мы оценим учебный год в 200 рабочих дней, мы получим 3 презентации в день, только для нашего класса. Было ли у него время на все это? Да, потому что во время презентации от студента требовалось всего лишь назвать тему, взять в руки мел, подойти к доске и начать говорить. Веник в это время может стоять рядом, наблюдать, а может просто работать, проводить лабораторные опыты с другим классом, проверять письменные контрольные, да что угодно. Но он выслушивал, задавал пару вопросов, говорил спасибо и делал пометку в своем блокноте со всеми нашими именами и отчетами.

Знаете, что было самым трудным для нас, восьмиклассников? Не - понимание материала главы. А само умение излагать это плавно, четко и без наводящих вопросов. Это было искусство, которое сотни раз помогало мне потом в институте, на протяжении всей моей научной и инженерной карьеры, но я научился этому именно здесь, стоя у доски и рассказывая о законах механики Ньютона, делая схемы, графики и расчеты.

Как я уже говорил, мы тоже изучали математику на уровне института и по стандартному подходу к обучению математический анализ должен был начинаться только в 10 классе. Я имею в виду производные, интегралы и так далее. Но даже простая физика, если ее преподавать с помощью высшей математики, становится намного глубже, естественнее и значимее. В результате с некоторыми темами по математическому анализу нас знакомил не наш учитель математики, а Веник на уроке физики. Например, все знают, что такое скорость. Чтобы найти скорость, нам нужно измерить путь, а затем разделить его на время, необходимое для его прохождения. И, строго говоря, мы рассчитали *среднюю* скорость. Если мы хотим узнать *мгновенную* скорость, нам нужно уменьшать и уменьшать временной интервал, чтобы найти *предел средней* скорости, когда временной интервал приближается к нулю. Но мы только что сделали стандартное определение производной! В математическом анализе скорость — это производная пути по времени. Если вы не разбираетесь в математике, похлопайте себя по плечу: вы только что изучили основной элемент высшей математики.

Но ценность подхода Веника была гораздо больше. Когда студентов обучали математическому анализу на основе физики, у них было интуитивное и понятное применение этих математических терминов. Это была не абстрактная математика, оторванная от реальных приложений, это была реальная физика, определенная и описанная в математических терминах. И поверьте, даже идиоты (а таких у нас в школе тоже было немало) не спрашивали: «Зачем мне изучать математику?» Они знали почему: они могли увидеть это, потрогать и получить выгоду от её использования. Было очень интересно, как учителя математики и физики оглядывались друг на друга, пытаясь скорректировать свои учебные программы, чтобы помочь нам (их студентам) получить нужные кусочки информации, когда они нам были нужны больше всего.

А как насчет других занятий, таких как язык, литература, история, география (что такое география? Надо в словарь посмотреть :-)). Ну, у нас были очень хорошие учителя и по другим предметам. Они понимали, почему мы выбрали эту школу, уважали тот огромный груз, который каждый из нас нес по своей воле, и уважали наш выбор. Они, конечно, знали, что мы не уделяем достаточно времени их предметам, это было печально, но они воспринимали это как должное.

Помню, когда мы изучали «Войну и мир» Льва Толстого, классический роман о войне 1812 года. В книге было 3 тома, более тысячи страниц. Никогда не читал... Прочитал краткое содержание в учебнике. Моя учительница Надежда Васильевна Румянцева, добрая, полная, маленькая женщина, прекрасно это знала, но она знала и то, что я каждый день 7 часов провожу в школе, а потом, как минимум, 4 часа дома, выполняя домашние задания по физике и математике, у меня просто не было времени на литературу, даже если бы я этого хотел. Однажды она пригласила всех учеников класса в школьный зал, открыла крышку фортепиано и начала играть Шопена. Закончив играть, она рассказала нам его историю любви и смысл этой музыки. Будто кто-то включил свет в темной комнате: час назад эта музыка, которую я много раз слышал по радио, для меня ничего не значила. Теперь она рассказывала мне историю жизни композитора, полную эмоций и глубокой, оставшейся без ответа страсти, — музыку, которую я теперь любил и понимал. Надежда Васильевна не обучила меня литературе; она открыла мне дверь в музыку!

Кстати, спустя пятьдесят лет, когда я по-настоящему заинтересовался и оценил гений Льва Толстого, я нашел отрывок у другого писателя, который сказал, что признаком того, что ты стареешь, а может быть, и мудреешь, является то, что ты начинаешь читать и наслаждаюсь книгами Толстого. Преподавание Толстого старшеклассникам есть глупая трата времени.

С Веником было нелегко иметь дело. Даже когда кто-то выделялся из толпы и устанавливал с ним какие-то более близкие отношения, требования к этому ученику автоматически поднимались на другой, более высокий уровень. У Веника был свой уникальный способ обучения всех. Это известная истина: некоторые люди обладают исключительно хорошими абстрактными и аналитическими способностями, а некоторые обладают прекрасными способностями создавать реальные вещи, работать руками. Так, Веник создал внешкольный кружок радиоэлектроники, где его ученики мастерили всякие крутые штуки: от цветомузыки до контрольно-измерительной аппаратуры. Он назвал этих студентов экспериментаторами. И он всегда, подпитывал и поощрял конкуренцию между теоретиками и экспериментаторами. Это был очень хороший подход к обучению, помогающий ученикам развить лучшие качества своей личности, по сравнению с очень популярной в то время тенденцией — называть экспериментаторов ограниченными, а теоретиков — безрукими.

Помню, однажды нам пришлось писать итоговую письменную контрольную, самый важный тест семестра, который сильно влиял на наши оценки. Мы все хотели высоких оценок не из-за какого-то тщеславия, а потому, что с Веником иметь хорошие оценки было правильно, а плохие оценки были просто морально неприемлемы, это было в нас заложено и всем понятно. И по какому-то совпадению, за час до этого у нас была медицинская проверка здоровья всех студентов (раз в год). После обследования дежурный врач вбежал в кабинет нашего директора и прямо с порога крикнул: «Что здесь происходит! У вас полный класс детей с гипертонией!» Они обнаружили, что кровяное давление у всех моих одноклассников было намного выше нормы. Директор подошел к большому стенду на стене с расписанием занятий для всей школы, посмотрел на наше и примирительно сказал: «Не волнуйтесь, это класс Вениамина Давидовича. Проверьте их через несколько часов — все будет хорошо!» Доктор ему не поверил, но директор был прав: после второго обследования к концу дня наше давление нормализовалось.

То, как Веник учил нас физике, было очень прагматичным. Несмотря на то, что его лекции были полны математики, сложных формул и определений, конечные результаты и выводы были весьма практичными. Его точка зрения была очень простой: в конце концов любая физическая теория должна давать какие-то числа, которые можно вычислить и проверить. Я помню, что у нас был тест по электромагнетизму, и нам нужно было решить относительно простую задачу. Почти все ученики класса решили эту задачу правильно, но, когда Веник попросил каждого ученика назвать окончательный числовой ответ — он получил двадцать *разных* чисел для одной и той же величины. Причина была очевидна: все физические величины имеют свои определенные единицы измерения, и при неправильном использовании ответы будут неверными. Когда некоторые из студентов попытались спорить, что полученные ими формулы были верны, Веник ответил: «Какова ценность ваших правильных формул, если в конце вы получили неправильный ответ!» Он хотел, чтобы мы стали хорошими инженерами и учеными, и добивался этой цели.

Не думайте, что Веник всегда пытался свести каждую физическую концепцию к какому-то практическому применению. Половину времени наша деятельность была направлена на достижение обратных результатов. Это была знаменитая лаборатория Веника. Кабинет № 30 был спроектирован не как класс, а как *лаборатория*: с тяжелыми столами и электрическими клеммами на каждом столе, имеющими источники постоянного напряжения для различных электрических экспериментов. Вокруг, прикрепленные к стенам, располагались множество приспособлений, использовавшихся для экспериментов: маятники для изучения затухающих колебаний, оптические устройства, проецирующие свет на потолок, измерители температуры и влажности и так далее. Каждый лабораторный эксперимент, выполненный студентами, содержал следующие части: прямые измерения некоторых физических явлений, например, сопротивления куска графита обычного карандаша в зависимости от тока, проходящего через него, теоретическое объяснение наблюдаемого эффекта и расчеты. чтобы продемонстрировать, что теория действительно подтверждает наблюдаемые результаты. В конце Веник рассчитывал получить отчет со всей информацией. Каждая лабораторная работа представляла собой мини-исследовательскую работу, обучающую студентов основам науки, а также дающую им почувствовать вкус исследователя!

Веника любили хорошие ученики и ненавидели и боялись плохие. Он никогда не пытался завоевать сердца студентов; он просто делал то, что считал правильным. Некоторые другие преподаватели завидовали этому, хотели получить свою часть славы, но чувствовали глубокую связь между Веником и его учениками и знали, что никто не сможет ее имитировать. Помню, однажды зимой температура на улице была -30С. Естественно, все школы Киева были закрыты. Я тоже остался дома. На следующий день я пошел в школу и, к своему величайшему огорчению, обнаружил, что вчера пришли семь учеников из моего класса, и у них в этот день было 4 часа математики и 4 часа физики! Вы должны понять мое разочарование по поводу пропуска этих занятий, если спустя 55 лет я все еще это помню!

Наш выпускной в школе был радостным и грустным. Я прекрасно знал, что навсегда буду скучать по своей школе № 145. Оглядываясь назад, я понимаю, что эти три года в старшей школе были лучшими годами в моей жизни.

Мои дети никогда не скучали по школе в США. У Кости были смешанные чувства: его школа старших классов Newton North (которая должна была быть довольно хорошей) никогда не позволяла ему раскрыть свой потенциал, напротив, школа старалась лучше воспитывать посредственных учеников с хорошими оценками вместо того, чтобы бросать вызов способным ученикам достичь пределов своих возможностей.

Его младший брат Саша просто не вписался в формальную структуру школы и после 10 класса бросил ее и поступил в муниципальный институт (аналог техникума). Там, в окружении взрослых студентов, пришедших с целью получения аттестатов средней школы и пользующихся уважением преподавателей и руководства института, он чувствовал себя гораздо лучше. Диплом окончания школы Саша получил всего за один год, вместо двух лет.

Позже я окончил институт и много лет работал в области физики твердого тела. Я занимался в основном теоретической работой, но все мои интересы были практическими: новые типы полупроводниковых приборов, электрические и магнитные эффекты в реальных физических структурах или просто теоретические модели практических экспериментов. В 1984 году я защитил кандидатскую диссертацию и пошел в школу №145 к своему учителю. Веник был рад меня видеть. Я оставил ему небольшой сувенир: автореферат моей диссертации, напечатанный в виде небольшого буклета. Я написал на нем: «Прекрасному учителю от любящего ученика». И ничего здесь не было комплиментом, просто чистая правда.

Я видел Веника после этого только один раз, в 1986 году, после чернобыльской аварии, я ходил к нему в школу в поисках трубки Гейгера для измерения уровня радиоактивности в Киеве. Он подарил мне школьную модель счетчика Гейгера, из которой я сделал свой испытательный прибор, которым я пользуюсь до сих пор 37 лет спустя.

Вениамин Давидович Кавнадский умер в 1988 году, оставив после себя сотни и сотни благодарных учеников, которые сейчас живут по всему миру, но продолжают помнить его и годы, проведенные в школе № 145.

Спасибо, мой любимый Учитель!

* * *

ИСКУПЛЕНИЕ

В этом году 7 октября 2023 года радостный еврейский праздник Суккот был омрачен невыразимыми преступлениями и зверствами против всего человечества, совершенными палестинскими варварами Хамаса. Эти звери позировали с крошечными младенцами, отнятыми у родителей в израильской деревне, которых они убивали, калечили и сжигали в своих машинах и домах. После того, как израильские солдаты ЦАХАЛа освободили это место, они обнаружили 40 крошечных детских трупов — простреленных, обезглавленных, пропитанных кровью... и еще много сотен молодых юношей и девушек, хладнокровно убитых и сваленных в груду гниющих трупов, некоторых - облитых бензином и сожженных заживо. Не отворачивайтесь: если не понюхаете этот смрад смерти, то никогда не поймете, что это за звери. Такие «народы» не имеют права существовать и проживать среди других людей — они должны быть уничтожены, как чума или оспа, без всякого шанса когда-либо вернуться.

Сегодня я могу только писать о жизни и смерти и просить о прощении.

Когда мне было 8 лет, моя мама Сара однажды сидела на диване и разговаривала со мной так как никогда раньше. Она сказала: «Я скоро умру...» Я испугался, обнял ее и сказал: «Пожалуйста, не умирай». На следующей неделе она уехала почти на неделю — впервые в жизни она оставила меня так надолго. Никто мне ничего не сказал, когда она вернулась, наша жизнь, казалось, вернулась в обычное русло. Спустя годы, когда я подрос, я узнал, что она тогда поехала в Ленинград - к лучшему хирургу-онкологу СССР, чтобы сделать маст-эктомию - удаление раковой опухоли в груди. В ближайшие полгода ее правая рука опухла в размере почти в два раза — типичное осложнение после такой операции, связанное с поражением лимфатических узлов. После этого она уже не могла проводить акушерские операции и принимать роды в городской больнице, поэтому пошла работать гинекологом в женскую консультацию — там она работала еще восемь лет. Грудь у нее была изуродована, но она была смелой женщиной, хотела хорошо выглядеть — помню, она вставляла в бюст-гальтер поролоновые вставки, чтобы заполнить пустоту. В СССР не было пластической медицинской косметики. Я смутно помню, как моя мама проходила химиотерапию — она прятала свои страдания глубоко внутри, помню, что она заказала себе парик — стандартный аксессуар для любого человека, лечившегося от рака.

В мае 1969 года я окончил среднюю школу. 30 мая во всех школах Киева прошел выпускной бал. Это всегда было большое событие: ученики и их родители собирались в школьных аудиториях, школьные чиновники и избранные ученики произносили бравые, оптимистические речи, за которыми следовала вечеринка с музыкой, танцами и безалкогольными напитками. Мои родители тоже пришли и были в воодушевлении, наблюдая, как их единственный сын заканчивает школу.

Но мне пришлось уйти пораньше — моя девушка в это время училась в другой школе. Мы уже были знакомы три года, и первые два года учились в одном классе, но в последний год обучения она перешла в другую школу. Там преподавала ее мама: и у нее были гораздо выше шансы стать медалисткой. Была теплая звездная ночь, мы сидели на скамейке в городском парке, разговаривали друг с другом, не разрывая объятий до самого рассвета. Мы чувствовали себя двумя птенцами, достаточно взрослыми, чтобы начать свой собственный полет, но все еще отсчитывающими последние мгновения до начала этого путешествия. На следующее утро я улетал в Москву на вступительные экзамены в МФТИ, она планировала то же самое на следующий месяц - в МГУ. Это не было совпадением — вузы в Москве были лучше.

Мои родители были разочарованы моим исчезновением — они хотели разделить эту ночь со мной, но у детей тоже были свои планы. Однако, к моему оправданию, моя связь с мамой всегда была сильной. Я был ее партнером по прогулкам: мы жили в красивом городе с улицами, обсаженными каштанами, и аллеями, похожими на парки, поэтому прогулки на свежем воздухе были нашим любимым занятием. В то время ее здоровье ухудшалось. Она была хорошим врачом и прекрасно знала, что происходит. Рак считался смертельным заболеванием, и обычным пациентам диагноз даже не сообщался. Сейчас это звучит неэтично и бесполезно — считается, что пациент должен сознательно бороться за свою жизнь, но в то время неведение считалось гуманным актом.

Я тоже это знал, поэтому в выбранном мной московском институте я подал заявление на факультет Прикладной математики, несмотря на то, что моей страстью была физика, в которой мои знания были гораздо глубже. Причина была в том, что после двух лет обучения на месте у студентов была возможность перевестись в Киев, где была математическая ординатура, и я надеялся, что стану ближе к маме если смогу это сделать. Так или иначе это случилось — меня не приняли, и я не поступил в МФТИ. Помню, на последнем собеседовании один из членов комиссии спросил меня: «У вас лучше оценки по физике, почему вы подали документы на математику?» Как я мог объяснить ему, что надеюсь быть ближе к умирающей маме? Я не мог.

Я вернулся в Киев, подал заявление в Киевский Политехнический институт (КПИ), на самый худший факультет Котлостроения (!) (даже там еврейских студентов не приветствовали), и с помощью друга отца ко мне отнеслись нормально и меня приняли. Как я выяснил в первую неделю обучения, там большинство студентов были троечниками и были приняты только по причине своей украинской национальности. По сравнению с ними я был профессором, поэтому на первом курсе я практически перестал учиться, что впоследствии сильно навредило мне, когда я наконец смог перевестись на гораздо лучший факультет в том же институте. Но зато я жил дома в Киеве, учился и мама была спокойна.

Летом следующего года мама совершила свой последний жертвенный поступок: зная, что она больна, она все же повезла меня и мою племянницу Наташу на четырехнедельный отдых в Крым под Одессу. Это был курорт для народа, без причуд. В каждой комнате было по 10 человек (!), стояли только кровати без всякой мебели, но было теплое Черное море, жаркое солнце, пляж с мелким белым песком, трехразовое питание. Что еще нужно для счастья?

Это стало последним ударом по маминому здоровью: больные раком должны избегать солнца — оно усугубляет их состояние. Всю вторую половину нашего отпуска мама не могла даже пойти на пляж, ей удавалось с моей помощью медленно добираться до столовой, а затем возвращаться в свою постель. На обратном пути домой в Киев она едва смогла пройти через аэропорт... Ее последним подарком для меня, который мы купили в книжном киоске на ее последние деньги, был англо-русский словарь Мюллера, самый полный словарь, который у меня когда-либо был — я использую его до сих пор вот уже более 50 лет...

Вернувшись домой, мама уже не могла ходить самостоятельно. Ее положили в больницу, сделали все анализы — метастазы распространили рак повсюду, лечение на этой стадии рака было невозможно, поэтому ее отправили домой. Очень скоро ее организм был отравлен растущими опухолями — большие и болезненные фурункулы распространились повсюду. Моя мама была известным врачом в Киеве и имела несколько хороших друзей. Одна из них была — Женя, работавшая в отделении скорой помощи городской больницы. Она брала на себя все мамины звонки в скорую помощь, приходила в нашу квартиру, колола ей морфий, обнимала ее и утешала так долго, как могла себе позволить, прежде чем следующий экстренный вызов заставлял ее уйти. Однажды она привела с собой врача — онколога, видимо того, которому она доверяла. Он посмотрел на голову моей мамы, указал на фурункулы и сказал: «Это метастазы рака, хрестоматийный случай». Мама, конечно, это знала — она училась по тем же учебникам…

Мой папа пытался ее подбодрить — она вставала, использовала его как поддержку и пыталась пройти через комнату — десять шагов вперед, десять шагов назад. Через месяц она вообще не могла вставать. Я могу только догадываться, какая сильная у неё была боль… В этом году осень была необычайно теплой, поэтому мы держали окна открытыми. Моя мама слышала с улицы голоса проходящих мимо людей. Она грустно сказала: «Эти люди смеются, им хорошо, а я умираю…» Что может быть хуже, чем быть в совершенном сознании, все знать и чувствовать, наблюдая, как изо дня в день твое тело гниет изнутри? И при этом понимать, что ничего сделать нельзя и никакой помощи нет и не будет…

Помню, однажды я работал в другой комнате, над своим очередным радио проектом, а моя мама тихо лежала в своей кровати и просто смотрела в потолок. Она меня о чем-то спросила, я ответил и спросил, что ей нужно, потом быстро сделал это и вернулся к своей работе. О чем она думала? Я был нужен ей тогда, я был жив, она умирала - а я наполнял свою жизнь всеми видами деятельности, которыми занимаются нормальные люди. Она, к сожалению, уже была *за* этой чертой, ей не оставалось ничего другого, как *лежать живым трупом* и вспоминать более хорошие моменты своей жизни.

Наконец, настал день, когда ее перевели в её последнюю больницу и поместили в одноместную палату. Это означало, что ее дни сочтены — только на эти случаи были зарезервированы одноместные палаты... Когда я пришел к ней после занятий, врачи меня уже не пустили. На следующий день мне сказали, что мама умерла прошлой ночью. С ней была моя тетя Роза (её сестра), она потом сказала мне последние слова моей мамы. Моя мама думала обо мне и пыталась дать мне последний совет перед смертью, что еще она могла сделать в ее состоянии для своего единственного сына?

Жизнь несправедлива: мы чувствуем еще большую боль, когда теряем тех, кого любим. Если кто-то безразличен, мы не страдаем от его исчезновения. Потерять родителей – это все равно, что потерять почву под ногами. Неважно, когда это произойдет — мы их дети в любом возрасте.

Помню, за несколько лет до смерти моей мамы мы сидели за кухонным столом и завтракали. Мама сделала себе маленький бутерброд и откусила. После этого она дернулась, как от удара током — она поняла, что первый раз в жизни съела еду *до того, как дала еду мне.* Для нее это было сигналом, что с ней что-то ужасно не так...

Ее похороны проходили из дома, из нашей двухкомнатной квартиры. Мой дедушка, ее отец, инвалид с покалеченной ногой, сидел возле ее гроба, смотрел ей в лицо и повторял: "Такого ребенка в землю положить!" Сначала я не понял, что он говорит, а потом дошло — мама была его ребенком, а не только моей мамой...

Я слепо следовал за группой друзей и родственников, которые несли гроб к машине — весь двор нашего дома был полон людей, большинство из которых я никогда раньше не видел. Там было много женщин, некоторые из них были врачами и медсестрами из киевских больниц, которые работали с моей мамой в разные годы ее карьеры, но было много женщин, которые были пациентками моей мамы. Те, у кого были осложнения при беременности, которым моя мама помогла родить здоровых малышей. Все они были ей навеки благодарны и пришли попрощаться со своим ангелом-врачом.

Пусть память о ней будет благословением!

* * *

ЧУДЕСНАЯ ЗАДАЧА

Я подошел к четырехэтажному зданию института со скучными рядами окон и бетонной входной лестницей и направился к секретарше, чтобы узнать, где будет проходить мой четвертый и последний экзамен вступительной сессии. Я уже сдал три экзамена— устный и письменный по физике и письменный по математике. На данный момент у меня было 14 баллов — на один балл ниже идеального: я получил две пятерки по физике, но допустил одну небольшую ошибку в письменной математике. Сегодняшний экзамен, устная математика – будет решающим.

Я вошел в отведенный класс и был готов занять одно из свободных мест. Но прежде, чем я успел сесть, экзаменатор за столом спросил: «Как вас зовут?» И после моего ответа он сказал: «Вам придется подождать в коридоре». Это было странно, но живя в стране с очень ограниченными свободами, ничто подобное не вызывало удивления. Я вышел в коридор, и через пять минут ко мне присоединилась довольно большая группа таких же как я школьников, ожидающих приглашения на экзамен.

Наконец появился экзаменатор. То, что он сказал вначале, могло бы шокировать нормальных людей при нормальных обстоятельствах, но мы были в стрессе от значимости события, и ничто не было нормальным. Он сказал: «Ух ты, сколько ВАС тут!»

Я был умным ребенком, но все же наивным мальчиком, и что он имел в виду, я понял только через несколько часов после того, как все закончилось. В тот момент его слова для меня значили: "Ну, сегодня очень много студентов которых нужно протестировать!" И он продолжил: "Кто хочет получить тройку без экзамена? Дайте мне свои зачётки!"

Это предложение может показаться приличной сделкой, если не считать баллы: пятёрка составляла 5 баллов, четвёрка — 4 балла, тройка — 3 балла. Все, что было ниже - двойка без каких-либо шансов быть принятым в институт. Учитывая мои 14 баллов, получение еще 3 баллов составит 17 баллов (из 20).

Можно сказать, неплохо! Да, это было неплохо – для студентов «правильной» национальности это было даже здорово. Это были русские, украинцы; некоторое предпочтение также отдавалось меньшинствам из региональных республик, которые не имели никакого значения для государства и порядка, но могли быть полезными. Самая большая ирония заключалась в том, что наша этническая принадлежность, в истинно оруэлловском стиле, в наших документах называлась *национальностью*, несмотря на то, что подавляющее большинство граждан родились в одной и той же стране и их национальность была одинаковой - СССР.

Предпочтение при поступлении в институт также отдавалось учащимся из небольших сельских городов с исторически плохими школами. Идея заключалась в том, что если сельский школьник наберет 14 или даже 13 баллов из 20, он должен быть талантливым, а всему остальному его научит институт.

Но я был евреем! И не *просто* евреем, а евреем из большого города — Киева. Для таких «дважды неправильных» студентов планка приема составляла 18 баллов, и даже тогда был большой шанс быть не принятым по какой-либо причине. Естественно, я отказался получить тройку без экзамена. И все остальные мальчики (так получилось, что девочек в нашей группе не было) тоже отказались получать тройку.

Вы, наверное, уже догадались, что происходило, но я еще понятия не имел. Я думал о предстоящем экзамене и все эти космополитические игры были вне моего внимания.

Правда этого фарса была в том, что ВСЕ студенты в этой специально отобранной группе были *евреями*! Их отобрали для последнего, четвертого экзамена из различных потоков и поместили в одну комнату, чтобы подвергнуть их специальному экзамену с очень высокой планкой, с единственной целью — выгнать большинство из них из вступительного конкурса так, чтобы никто из других студентов не узнал о том что произошло. Имело ли это смысл для государственного института (при отсутствии частных...)? Конечно, так оно и было.

Естественным результатом многовековой еврейской дискриминации, которая практиковалась в СССР на всех уровнях, было то, что еврейские дети очень рано усваивали: им нужно было быть умными, сильными и образованными — чтобы быть лучше, чем большинство их сверстников, у которых не было проклятой "пятой графы" в паспорте.

Если бы евреев тестировали по тем же правилам, что и других студентов, то в каждом хорошем институте страны было бы как минимум 30% студентов-евреев. Правительство не могло этого допустить. В большинстве вузов еврейская процентная норма составляла всего 5% (как при царском режиме), а во многих хороших вузах эта цифра была даже ниже 1%.

Но страна по-прежнему нуждалась в своих Ландау и Эйнштейнах - для мировой гордости и разработки нового оружия мирового господства, поэтому евреев ненавидели и в то же время они были нужны. Чтобы решить эту проблему, было найдено простое решение: евреев допускали в хорошие вузы только в том случае, если они были лучшими из лучших. Конечно, в некоторых случаях для подкупа чиновников использовались большие деньги, но для большинства людей, которые были одинаково бедны, это был не вариант.

Экзаменатор сказал: «Хорошо» и вздохнул, что означало: «Вы не хотите делать это по-простому… тогда мы поступим по-сложному». Кстати, экзаменатором был доцент этого института, написавший задачник по математике хорошо известный среди выпускников моей школы. Я не только знал об этой книге, но и в последний год обучения в школе - я решил все приведенные в ней задачи. Итак, я думал, что знаю своего экзаменатора. Это была моя первая ошибка в тот день, потому что я понятия не имел, что он мне приготовил.

В летние месяцы было три сессии вступительных экзаменов: июнь, июль и август. Приемная комиссия подготовила ряд сверхсложных математических задач, специально разработанных группой математиков для этого случая, и они использовались каждый раз, когда нужно было поднять планку теста, например, в случае с еврейскими студентами.

Некоторые из моих хитрых друзей знали об этом и сознательно подавали документы на экзамены во вторую или даже третью сессию. Причина была практическая: присутствуя в институте уже на первой сессии, они могли узнать у уже протестированных студентов, какие были задачи и вопросы. Старательно записывая вопросы и ответы, они лучше готовились к предстоящим экзаменам. Как я узнал позже, такая тактика работала. Но я был другим; Я хотел принять вызов как можно скорее и отказался трусливо ждать своих экзаменов. Итак, я пошел на первую сессию в неизведанных водах.

Я занял свое место, и экзаменатор дал мне мою задачу. Тем, кто не знает математики, можно пропустить детали, но если вы увлекаетесь математикой — наслаждайтесь красотой и элегантностью этой задачи:

"Не решая уравнения: $\mathbf{LOG}\,(\,1/16\,)\,\mathbf{X} = (\,1/16\,)\,\mathbf{X}$,

найти сколько у него корней."

Я начал работать над задачей. Благодаря моему хорошему математическому образованию (я окончил лучшую киевскую физико-математическую школу) я знал, что обе части уравнения — это функции, обратные друг другу. Итак, я нарисовал вручную ортогональные оси X и Y и нарисовал два соответствующих графика, симметричных относительно биссектрисы 45 градусов между осями. Казалось, что две кривые должны пересечься в какой-то точке биссектрисы. Точное значение корня найти было сложно, но это и не требовалось. Сижу и думаю, *это слишком просто, тут же должен быть подводный камень, но где?* У меня также не было ни линейки, ни разлинованной или квадратной бумаги, ни калькулятора, чтобы строить точные графики, но самое главное — я не был готов к тактике психологического давления, оказываемого на меня во время теста.

Мой экзаменатор подходил ко мне каждые несколько минут и спрашивал: «Вы готовы?» После третьего подхода я наконец сказал: «Да, корень один, вот точка на биссектрисе».

Он предложил: «Попробуйте X=1/2».

Я так и сделал, и это был точный корень! Я не мог поверить своим глазам — ответ оказался не таким, как я ожидал. Я сидел и отчаянно пытался осознать эту идею. Я чувствовал, что экзаменатор ждет, что я найду что-то еще, но что? Теперь я знаю, какого типа размышления он ожидал. Но в тот момент я почувствовал себя совершенно глупо, и мои мыслительные способности свелись на нет.

Через несколько минут он снова подошел ко мне и предложил: «Попробуйте X=1/4».

Я так и сделал, и это тоже был точный корень! Как я мог это пропустить!? Но, погодите, две кривые, симметричные относительно биссектрисы с осями X и Y в качестве асимптот, не могут иметь двух точек пересечения... Я сходил с ума.

После всей подготовки к вступительным экзаменам в институт я не мог сосредоточиться именно сейчас, когда мне это было нужно больше всего! Игра окончена, мое первоначальное предположение о корне, очевидно, было неверным, на два других решения мне указал сам экзаменатор, что я здесь делаю? Экзаменатор выглядел счастливым: он поставил мне сложную задачу, лишил меня способности ясно мыслить, а затем продемонстрировал, насколько я глуп!

Я огляделся, комната была настоящей бойней. Студенты один за другим мучились из-за своей неспособности решить предложенные задачи, подвергались моральному унижению со стороны экзаменатора, который открыто их презирал и не скрывал своего удовлетворения, написав в их зачетках ужасную тройку и, показав на дверь, убивал их мечту стать студентами МФТИ.

И эти еврейские дети были очень хорошими учениками, уже сдавшими три вступительных экзамена, получившими высокие баллы и имевшие реальный шанс быть принятыми, если бы к ним относились справедливо как ко всем остальным.

Один мальчик, невысокий, худой, с черными вьющимися волосами, длинным носом и слезящимися глазами, продолжал бороться, ища решение своей задачи, двигая руками, объясняя свои мысли экзаменатору, прежде чем, наконец, сдался и ему указали на дверь. .

Затем пришла моя очередь. Экзаменатор спросил: «Итак, сколько корней?»

Я знал, что здесь есть какая-то тайна, он почему-то дал мне две подсказки, но я не мог ее разгадать. Я чувствовал себя совершенно беспомощным. «Ну, — сказал я, — я вижу эти два корня». Он ответил: «Хорошо, пусть будет так». Затем он написал тройку в моей зачетке и показал мне дверь.

Позже я давал эту задачу многим умным людям. При мне ее решил один математик — он работал неформально в своем кабинете и, конечно, без всякого давления.

Я вышел из здания как во сне. Меня встретил один из моих школьных друзей и спросил о моей задаче, он позже нашел человека, который решил ее за него. Он пошел на вторую экзаменационную сессию и, к счастью, столкнулся с той же задачей на экзамене! Он сделал вид, что решил задачу на лету, и был принят в МФТИ. Через два семестра этого студента отчислили, потому что он обманулся непринужденной атмосферой, не учился, а затем не смог сдать все необходимые тесты... Через неделю после отчисления из института ему пришла повестка на явку в военкомат. На его беду, его направили служить на атомную подводную лодку. Я встретил его случайно на улице, когда он закончил службу через три года — он выглядел старше лет на десять, я его почти не узнал, лицо было серым от радиации и недостатка свежего воздуха.

Я винил себя в недостатке терпения и самоуверенности... Теперь у меня было всего 17 баллов, недостаточно, чтобы стать студентом. Но надежда умирает последней. Они объявили, что списки поступивших будут вывешены к концу августа и те, кто будет принят, должны будут провести весь сентябрь, выполняя бесплатный физический труд на территории института — рыть траншеи и копать землю для какого-то проекта прокладки труб. Но был вариант — заняться этой работой сейчас летом, чтобы иметь возможность учиться в сентябре.

Для меня это была авантюра, шансы на поступление были невелики, но я все равно решил это сделать — физическая работа после года упорной учебы, выпускных экзаменов в школе и в институте, приносила мне удовольствие, а сама мысль о возвращении домой в Киев, два месяца ожидания, и возврате в Москву, чтобы увидеть результаты, была невыносима.

Я записался на рытье траншей и следующие два месяца прожил на квартире у знакомых, совершая короткие поездки в Москву, чтобы провести время с моей подругой, которая подавала докумснты в другой московский элитный вуз - МГУ, но также туда не попала — там еврейская квота уже была заполнена.

30 августа я не нашел своего имени в списке поступивших, поэтому собрал свою сумку и поехал домой в Киев подавать документы в КПИ. Как я очень скоро узнал, это тоже был нелегкий путь: киевский антисемитизм ничем не отличался от московского.

Возможно, вам будет интересно узнать какой ответ в

заданной мне математической задаче: "Сколько корней имеет уравнение?" Что ж, правильный ответ — три корня.

Мое первоначальное предположение об одном корне на биссектрисе было правильным, плюс два других корня. Но как это может быть? Разберитесь сами или поверьте мне на слово. Эта задача - просто шедевр!

* * *

ДЖЕНТЛЬМЕНСКИЙ НАБОР

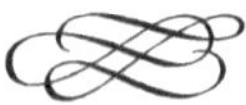

Когда я учился в старшей школе, я не умел танцевать. Это было не потому, что у меня не было чувства ритма, просто меня никто не учил. Поэтому на каждой вечеринке, когда было время для танцев, я чувствовал себя ужасно, стремясь поскорее сбежать. Особенно я ненавидел, когда танцоры просто стояли на полу и ритмично тряслись под музыку — для меня это просто не имело смысла. Неумение общаться во время танца мешало моим отношениям с девушками — некоторые из них хорошо танцевали и я терял хорошую возможность общения.

В отличие от меня, мой папа был очень хорошим танцором — его танцевальная «карьера» началась еще в юности и на каждой танцевальной вечеринке, даже в свои семьдесят, он развлекался сам и был желанным партнером всем женщинам. Я также был своего рода тихоней, пытавшимся любой ценой избежать физической конфронтации в школе. Мне это не всегда было легко: видя несправедливость, у меня кипела кровь, но у меня не было возможности поставить хулиганов и придурков на место. Итак, когда я поступил в институт, я решил освоить два джентльменских навыка в которых я отчаянно нуждался: бокс и танцы.

Вы можете спросить: «Когда же я учился, оставалось ли у меня время?» Это очень хороший вопрос. Учитывая, что каждый день мне приходилось проводить время в институте примерно до 15:00, заниматься спортом или танцами каждый день казалось почти невозможным. Но я решил эту проблему, разработав уникальный образ жизни, который я вел на протяжении многих лет, сохраняя активность, отдых и хорошее здоровье. Я спал каждую ночь по 7 часов, разделенных на два интервала: 19:00-22:00 (3 часа) и 3:00-7:00 (4 часа). С 22:00 до 3:00 у меня было 5 часов свободного времени для учебы в институте и выполнения домашних заданий. Это время соответствовало моим биологическим ритмам, поэтому я засыпал именно тогда, когда мне хотелось.

В течение первых трех лет обучения в институте нам приходилось посещать спортивные занятия по нашему выбору. Те, кто занимался спортом в старшей школе, просто продолжили его в институте — они знали все тонкости и были довольны всем этим. Раньше я спортом никогда не занимался, поэтому для меня была большая дилемма — какой вид спорта выбрать. Бокс для меня был слишком страшным и мне хотелось чего-то легкого и не очень сложного. Волейбольная секция выглядела подходящей - Я даже время от времени играл в пляжный волейбол. Я записался на первый семестр; начались занятия, но не так как я ожидал — наш тренер относился к нам, как к новой олимпийской сборной, готовящейся к грандиозному соревноваанию. Каждая тренировка начиналось с полуторачасовой физической разминки: бег, растяжки — все как положено. К тому времени, когда он наконец давал нам мяч, я едва мог поднять руки - ноги болели, и меньше всего мне хотелось играть в волейбол. Наш тренер предупредил, что если мы провалим спортивную секцию, нас не допустят к экзаменам в конце семестра, поэтому выбора уже не было. Некоторое утешение давало то, что я был не единственным неспортивным парнем в группе, так что у меня был шанс оказаться не последним. Мне потребовалось целых три месяца, чтобы преодолеть первоначальный недостаток физической подготовки, но я добился чего хотел. Я мог подавать мяч, принимать удары и отдавать передачи партнерам – это было действительно весело! Конечно, даже к концу года я не мог прыгнуть достаточно высоко, чтобы поставить хороший блок над сеткой или нанести высокий удар через блок соперника, но это был бы мастер-класс по волейболу, который не входил в мои планы.

На следующий год я стал гораздо смелее — записался на бокс. Это потребовало большого самоанализа, и здесь я объясняю почему: боксеры в студенческих клубах не использовали никаких средств индивидуальной защиты, кроме перчаток. Все спарринги проводились в тесном контакте и в полную силу. Поэтому, участвуя в нем, вы должны быть готовы сильно бить своего противника и быть битым в ответ. Но это было то, чего я хотел. У меня было два занятия в неделю. Мы тоже начинали с разминки, самостоятельных боев перед зеркалами, а потом, всегда под конец тренировки — спарринги на ринге. В первый месяц моей самой большой проблемой было то, что я закрывал глаза, когда получал удары. Это был естественный рефлекс, и мне пришлось быстро от него избавляться. Во-вторых, когда вы видите, как боксеры «танцуют» на ринге, это означает, что они изучают друг друга, ждут подходящего момента для нанесения удара, а новички даже боятся двигаться первыми — это тоже привычка, от которой мы тоже научились избавляться. Лучшее, что мне нравилось в боксе, это — ты пересиливаешь свой страх, идешь вперед, чтобы сокрушить защиту противника, видеть страх в *его* глазах, при этом делая себя нечувствительным к его ударам, пытаясь перехитрить его тактику, наносишь неожиданный удар и побеждаешь в конце. Реальность была опасной, болезненной, потной и утомительной. Иногда моими противниками были знакомые мне студенты, мы просто были вежливы друг с другом, пытались показать технику, а не просто грубую силу, но очень часто на наших тренировках присутствовали босеры, приглашенные тренером, а не наши студенты – сильные, спортивные и иногда довольно грубые. Это было самое большое испытание — никакой пощады, только безжалостная борьба. Очень часто после тренировки я сидел в раздевалке минут десять и больше, просто чтобы прийти в себя, прежде чем идти в душ.

Результаты появились очень скоро. Вы ожидаете, что я расскажу историю о том, как я дрался с кем-то за пределами ринга и избил его в наказание за его грехи... На самом деле, совсем наоборот. В любой социальной среде и в институте, есть хулиганы, охотящиеся на слабых студентов. Но хулиганы тоже слабые люди, просто скрывающие свои слабости! Поэтому они всегда оглядываются по сторонам, чтобы избежать тех, кто может постоять за себя. Как только мои знакомые в институте узнали, что я хожу на бокс, пространство вокруг меня стало чистым и безмятежным. Я никогда не использовал свои боксерские навыки, но эти навыки помогли мне, придав мне уверенности и успокоив тех, кто в противном случае определенно попытался бы бросить мне вызов.

Но через два года мне пришлось уйти из секции бокса. Причина была проста: когда навыки участников растут, рано или поздно встает дилемма: ты должен либо становится «профи» и начать тренироваться пять раз в неделю, или ты должен уйти, потому что незащищенный бокс очень опасен, а я получал травмы практически в каждом бою. Спорт для меня был всего лишь инструментом поддержания здоровья, а не целью, поэтому позже я заменил бокс гораздо более безопасным видом спорта, который только что стал доступен в Киеве, — каратэ.

Как я уже говорил выше, я также планировал научиться танцевать. Я помню, как мой папа рассказал мне историю своей юности, когда он и его лучший друг Эмиль собирались в Киеве вместе на выходные и шли на танцы в поисках хороших девушек. Эмиль, в отличие от моего папы, совсем не умел танцевать. Но он был классным бойцом с молниеносной реакцией и хорошей физической подготовкой. Итак, они действовали как команда: Эмиль выбирал девушку, которая ему нравилась, затем папа приглашал ее на танец-другой, а потом — представлял эту девушку своему другу, чтобы составить ей компанию. Конечно, мой папа также подбирал девушку для себя. На случай, если возникали проблемы с другими «индивидуумами», желающими нарушить эти романы, Эмиль брал это на себя. Это устраивало моего папу. Я жил в другое время, поэтому мне нужны были оба навыка.

Я спросил у папы совета, и он вскоре нашел решение. Так получилось, что рядом с нами был Дом Культуры, который предлагал школу уроков танцев. Однажды мы с папой пошли туда посмотреть, смогу ли я записаться. К моему большому удивлению, преподаватель школы и мой папа знали друг друга! Они танцевали вместе много десятилетий назад. Преподаватель был старше папы, высокий, с прекрасной прямой осанкой профессионального танцора. На первом занятии он сказал, что прежде, чем учить нас как правильно подходить к партнерше, приглашать ее на танец, танцевать изящно и стильно, он покажет нам неправильные способы... Это было очень забавно и поучительно. Никто не хотел выглядеть, как этот «жлоб», дергающий девушку за руку в сторону танцзала, обнимающий ее как медведь, наступающий ей на туфли или толкающий ее спиной к спине другой танцующей пары. Наш инструктор был хорошим учителем. Мы выучили все основные бальные танцы: Венский вальс, танго и фокстрот, а также латиноамериканские танцы: румбу, самбу и ча-ча-ча. Как это было характерно для всех танцевальных школ, девочек было в два раза больше, чем мальчиков. Поэтому однажды инструктор спросил меня, могу ли я прийти на его занятия в другое место. Я согласился и посещал уроки танцев три раза в неделю. Учитывая, что боксом я занимался два раза в неделю, неделя у меня была насыщенная.

Занятия танцами проходили в великолепном здании, которое представляло собой что-то вроде концертного зала с паркетными полами и огромными окнами. Каждое занятие начиналось с выбора пар — мальчики должны были выбрать девушку-партнершу для этого занятия. В следующем классе могла быть другая группа учеников, поэтому объединение в пары повторится. На самом деле, после нескольких занятий студенты, нашедшие себе партнеров, оставались вместе до конца всего танцевального класса, продолжавшегося три месяца. Так я себе создал проблему: на первом занятии я заметил красивую девушку. У нее были карие глаза и длинные каштановые волосы, ниспадающие ей на плечи. Она мне улыбнулась — нас выбирают сначала девочки — это общеизвестный факт. Я пригласил ее быть моей партнершей на первом занятии. Как я быстро обнаружил, она не могла хорошо танцевать. Судя по всему, в детстве с ней произошел какой-то несчастный случай или что-то, что повлияло на свободу ее движений – залог хорошего танца. Из-за этого мы не могли быстро осваивать новые танцевальные движения и фигуры. Но на втором занятии я снова выбрал ее... Я знал, что мог бы добиться большего прогресса какой-нибудь другой партнершей, их было несколько в комнате, но *я не мог ей отказать* — она смотрела на меня с ожиданием и надеждой. Итак, мы танцевали вместе два с половиной месяца, иногда меня бесила ее неспособность учиться так быстро как я, но я старался держать это в себе, терпеливо помогая ей учиться в ее темпе. Это все равно было приятно и после уроков мы шли с ней до ближайшей станции метро, и у нас были долгие разговоры — это был весь спектр наших отношений. Наконец, за две недели до окончания занятий, она решила уйти. В последний вечер я решил, что должен извиниться за то, что кричал на нее, это случилось несколько раз, когда я терял терпение. Это было сложно - мне надо было переступить через себя, но я это сделал и, к моему облегчению, она не расстроилась, а ещё и извинилась за то, что тормозила меня всё это время. Больше я ее никогда не видел. Последние две недели моей партнершей была высокая, стройная девушка, гибкая, как пружина, остроумная и легко обучаемая. С ней мы стали лучшей парой в классе, интересно, как далеко мы могли бы продвинуться, если бы все время танцевали вместе?

Мои мальчики Костя и Саша унаследовали от меня такое

же отношение к женщинам — когда женщины выбирают нас и мы принимаем это в ответ, мы чувствуем себя обязанными быть рядом с ними, предлагать свою помощь и поддержку до тех пор, пока *они* в ней нуждаются. Я очень рад, что Костя нашел себе хорошего спутника в жизни, но Саша много раз обжигался не с теми.

Моя танцевальная сага на этом классе не закончилась. Я обнаружил, что в Киеве есть известная танцевальная школа, которой руководит танцевальная пара, муж и жена - Корзинины. Муж вел мастер-класс, а жена вступительный. Занятия проходили в самом большом театре Киева – Октябрьском, в одном из его многочисленных залов с зеркальными паркетными полами и белыми мраморными колоннами, огромными окнами и красивыми хрустальными люстрами на потолке, создающими впечатление бального зала XIX века в европейском стиле. Еще одной особенностью этого класса было то, что он был бесплатным. Финансирование поступило от Федерации спортивного танца Украины и выпускникам этой программы был предоставлен шанс – стать членом танцевальной команды, выступающей на мировой арене. Я подал заявку и после короткого теста меня приняли.

«Веселье» началось с первого занятия. Мы тренировались три раза в неделю, каждое занятие длилось три часа, в течение которых мы танцевали поодиночке, разучивая несколько танцевальных движений, связок и ритмических рисунков, а затем танцевали в парах. Интенсивность обучения была необычайной: никогда в жизни мне не приходилось так быстро запоминать столько новых движений. Наш инструктор была нетерпелива, она тренировала нас беспощадно, в этом и заключалась ее задача — отсеивать всех, кто был не способен много работать, быстро учиться и находиться в постоянном напряжении. Это был основной метод обучения всех суперуспешных спортсменов в советской системе. Чтобы дать вам представление о том, чего требовали от меня эти занятия, один факт: мы приходили в черных брюках, кожаных танцевальных туфлях и белых рубашках. После занятия я мог выжать пот из этой рубашки - вода капала на пол. Многие студенты не выдерживали и уходили. Через три месяца нас осталось около половины. Я выжил и, более того, меня приняли на мастер-класс!

А потом я бросил школу танцев. Причина была та же, что и с боксом. Если бы я начал посещать следующий класс танцев в этой школе, мне пришлось бы проводить за тренировками пять вечеров в неделю. Танцы были моим хобби, а не целью жизни: у меня была другая страсть — физика, электроника, и это было для меня гораздо важнее. Так что — никаких раскаяний: я выполнил свою программу - овладел двумя главными навыками из джентльменского набора и чувствовал себя уверенно.

ЛУЧШЕ, ЧЕМ ГОРЫ

Яне люблю высоту. Когда я наблюдал за сумасшедшими альпинистами в Саду Богов в Colorado, которые карабкались на пятьсот футов по почти вертикальным стенам, надев резиновую обувь и делая это без страховочных веревок, меня трясло. Но, несмотря на это, меня всегда привлекали походы в горы, и в студенческие годы это было мое лучшее время, проведенное во время летних и зимних каникул.

Мой первый опыт зимнего похода произошел во время зимних каникул на первом курсе, когда мои друзья предложили мне поехать в Карпаты на Западной Украине. «Мы будем кататься на лыжах», — сказал незнакомый мне парень, который, как я предполагал, будет инструктором. Хотя я ходил на лыжах, но не в горах — это все же звучало неплохо. Мы хорошо подготовились — взяли напрокат специальные лыжи, окантованные металлическими полосками для торможения на жестком снегу и льду, приобрели зимнюю обувь и подходящую одежду, купили кучу фотопленки для фотографий и зарядились предвкушением похода. Наш план состоял в том, чтобы пройти около ста километров, останавливаясь на ночлег в домах местных жителей, которые согласятся предложить нам ночлег и — самое главное — мы планировали кататься на лыжах везде, где найдем подходящие склоны. Конечным пунктом путешествия был польский город Львов, ныне входящий в состав Украины.

Был январь, но когда мы приехали на поезде к подножию Карпат, то обнаружили, что снега нет. Снег, выпавший в начале декабря, уже растаял, а затем замерз, образовав толстую ледяную корку, непригодную для катания на лыжах. Итак, вместо того чтобы кататься на лыжах, мы прошли сто километров, неся лыжи на плечах. В двух местах мы все равно решили покататься на лыжах. Я помню, как спускался с холма, покрытого толстым льдом, достиг жуткой скорости, затем упал и завершил спуск лицом вниз, головой вперед, разорвав штаны и колени в клочья – не совсем так, как я ожидал.

Но все же это было интересно — в горных районах все дома строились вдоль узких извилистых дорог, повторяющих географию холмов и долин, поэтому типичным названием деревень было «Волосянка». Пейзаж был великолепный — на всех ветвях деревьев сверкал лед, воздух был холодный и сухой, солнце светило как летом, хотя температура воздуха была значительно ниже нуля. Мы шли целый день, делая два-три холодных привала, чтобы отдохнуть и поесть, не разжигая костра. К закату мы старались быть рядом с деревнями, чтобы иметь возможность найти место для ночлега. Было интересно общаться с нашими хозяевами, особенно с пожилыми людьми. Их родным языком был польский или румынский, поэтому для нас, говорящих по-украински, общение не составляло большой проблемы. Раньше мы думали о бедности в больших городах, но здесь, в деревнях, бедность была ужасающей: без водопровода, холодный, неотапливаемый туалет, угольная печь, обшарпанные домики, полное отсутствие каких-либо удобств, как будто мы вернулись на сто лет назад. Эти люди редко видели таких туристов, как мы, поэтому с радостью предложили нам одну комнату с одной кроватью для компании из шести человек. Мы заплатили им за проживание, но это не сделало никакого изменения в их жизни.

Кроватью мы, конечно, не пользовались, спальные мешки положили на пол и было удобно. Угольная печь в доме была раскалена, там кипели наши кастрюли с ужином, наши мокрые ботинки «парились» возле печи... нам было тепло и уютно. У кого-то был портативный СВ-радиоприемник, а неподалеку находилась радиостанция «Радио Бухарест», транслирующая мелодию группы Эмерсон, Лейк и Палмер. Меня заворожила мелодия, и я спросил: «Что это?» «Это Моцарт, Симфония № 40», — сказал мой друг Леша. Вы не поверите, если я скажу, что с этого момента классическая музыка вошла в мою жизнь. Послушав Моцарта в рок исполнении по маленькому радио в крохотном домике, где-то в Карпатах... Расскажите мне о судьбе!

Наконец мы завершили запланированный маршрут и сели в узкоколейный поезд, который доставил нас во Львов. Это была моя вторая поездка во Львов — первая была, когда я стал одним из победителей киевской школьной олимпиады по физике и был направлен во Львов на республиканскую олимпиаду (к моему разочарованию, я там с треском провалился...). Все улицы Львова извилистые, нет такого понятия, как «направление», надо просто идти по улицам. Местные жители говорят, что это было сделано специально, чтобы сбить с толку оккупантов — через этот регион, прямо на границе Европы и Азии, всегда ходили оккупанты туда и обратно, но я думаю, это естественная география, вплетенная в политику. Что касается границ, то украинцы сейчас говорят, что они расположены в Европе, а вся Россия к востоку от них — это Азия, но это все семантика. С моей точки зрения — и Украина, и Россия — это Азия, пока они не ценят права каждого отдельного человека.

Нам пришлось дожидаться отправления нашего поезда обратно в Киев, поэтому мы нашли ресторан, где можно поесть. Официант посадил нас вокруг большого стола, принял заказы на еду и поставил на стол тарелку с несколькими кусочками хлеба, которые мы съели мгновенно. Представьте себе наши аппетиты после двух недель прогулок по ледяным горам. Итак, он принес вторую тарелку, которая опустела так же быстро, как и первая. Тогда он улыбнулся и принес нам целую буханку хлеба, которую мы жевали, пока наконец не принесли еду.

Вернувшись домой, я проявил и распечатал все фотопленки, которые снял во время поездки. Это был мой первый опыт съемки гор, и я совершил ошибку всех новичков: снимал горы без объектов переднего плана. Отпечатки получались без «глубины», и все было плоским. Много раз потом я фотографировал горы и уже ни разу не повторил своей карпатской ошибки.

Эта поездка мне понравилась, поэтому следующие два лета я провел в туристическом горном лагере нашего института в Домбайской долине, расположенном на Северном Кавказе. Лагерь представлял собой не что иное, как пятьдесят палаток, в каждой по 5-6 человек, которые спали в спальниках на земле, изолированные только тонкими поролоновыми матрасами (только для тех, кто был достаточно умен, чтобы взять их с собой - я этого не сделал). Имелась полевая кухня с крышей из полиэтиленовой пленки и два деревянных ямных туалета (для мальчиков и девочек). Мы мыли руки и лица в горной реке неподалеку, вода из тающего снега имела температуру около 10°C. Было несколько душей с чуть теплой водой.

Лагерь располагался в долине под сенью огромных и старых сосен и вся готовка велась на дровяных печах, для которых дежурные студенты доставляли дрова, приносимое вручную из соседнего леса. Днем температура воздуха достигала 25°C, но ночью опускалась ниже нуля примерно до -4°C. За четырехнедельную лагерную сессию мы совершили пять «радиальных» трехдневных походов по различным направлениям, начиная с категории 1А (технически самый простой поход) до категории 2Б (более сложный). Альпинизм более высокого уровня, требующий специального снаряжения и навыков альпиниста, в этом лагере не практиковался.

В первый день, когда мы туда приехали, всех отправили за дровами в лес. Кто-то уже срубил деревья и сделал полутораметровые бревна для нас. Итак, два человека брали одно бревно и несли его пол километра до лагеря. И мы все совершили несколько ходок, чтобы выполнить эту задачу. Вечером нас всех отправили к лагерному врачу, в задачу которого входило выявление больных студентов с проблемами сердца — этим несчастным будет запрещено совершать радиальные восхождения, и их судьба — оставаться в лагере все четыре недели. Анализы показали, что у *всех нас* проблемы с сердцем... Пульс был больше ста ударов в минуту. Но это была не первая смена нашего врача в горном лагере, она попросила каждого из нас сделать по 100 приседаний и во второй раз измерила пульс. Второе показание было лишь немного выше, а это означало, что мы *все* были здоровы, но пульс у нас изначально был слишком высоким из-за непривычной тяжелой физической работы и пониженного давления воздуха на высоте лагеря около 1600 метров над уровнем моря.

Я хорошо помню свою первую поход в горы на «Девичий перевал». Там не было ничего особенного, мы просто карабкались и карабкались вверх и вверх. Относительная высота составляла менее полутора километров, но через каждые сто метров был уступ, создававший впечатление, что мы добрались до перевала. Как только мы туда добирались, мы снова видели едва различимую тропу вверх, и так – тринадцать раз!

Поскольку рюкзаки у нас были довольно тяжелые (мой рюкзак в начале радиального похода весил 50 Кг), восхождение казалось очень тяжелым. К концу восхождения наша группа растянулась довольно далеко. Когда я и мой друг Леша добрались до ссдла перевала, мы были в шоке: одна из наших девочек — Люда, которая добралась намного раньше нас, сидела на рюкзаке и вязала... Наш общий одноклассник Лёня, которого мы с трудом втянули в эту поездку, женился на ней через два года.

Если долина была зеленой, покрытой густым кустарником и деревьями, то холмы достигали высоты до двух километров и были покрыты льдом и снегом без всякой растительности. В некоторых походах, когда мы только добирались до вершины после 15:00, нам приходилось разбивать горный лагерь высоко наверху. Это была общепринятая практика, поскольку, когда солнце садится в горах, промежуток времени между солнечным днем и темной ночью составляет менее двух часов. Никто не хотел оказаться застигнутым врасплох тьмой, спускаясь с холма, рискуя совершить оплошность с неизбежным падением неизвестно куда. Из-за нехватки топлива для костра в таких случаях мы просто кипятили одну небольшую кастрюлю снега, используя сухие спиртовые таблетки, и давали каждому туристу по стакану кипятка. Растворив в нем кубик куриного бульона, мы получали чашку вкусного куриного "супа", достаточную, чтобы согреться и почувствовать себя хорошо, прежде чем почти мгновенно заснуть.

Горный кемпинг требовал множества навыков, которых у меня не было. Помню, однажды нам пришлось поставить палатку на склоне холма. Подошел наш инструктор и посоветовал нам выкопать траншею вокруг нашей палатки — на случай, если ночью пойдет дождь. Я посмотрел на небо — оно было ясным, и мы решили, что траншея нам не нужна. Где-то около двух часов ночи нас разбудило странное ощущение — наша палатка была наполнена водой и в ней плавали наши мокрые спальные мешки. Шел сильный дождь, вода стекала с холма, наша палатка оказалась прямо у нее на пути. Выходить из палатки казалось бесполезным, но и сидеть по шею в холодной воде тоже было невесело. Чтобы сделать ситуацию ещё веселее, сильный порывистый ветер сорвал веревки, которые удерживали нашу палатку, привязанную к большим камням, и палатка рухнула прямо нам на головы. Единственным длинным предметом, который был у нас в палатке, была моя фанерная гитара. За неимением лучшей идеи я поставил гитару вертикально за спину и подтолкнул ее вверх своим телом, просто чтобы поднять крышу палатки достаточно высоко, чтобы мы могли дышать.

Так мы провели следующие несколько часов до рассвета, затем выбрались, собрали палатки и пошли дальше. По моему опыту — никто не болеет и не простужается во время горных походов — наша иммунная система повышает наши естественные возможности и сохраняет наше здоровье. Кстати, закончив четырехнедельное путешествие и вернувшись домой, я обнаружил, что половина моих друзей заболела — они расслабились, и их организм стал легкой добычей для всевозможных болезней.

Я упомяну несколько примеров обучения, которые у меня были: первый в конце концов рассмешил меня, но второй мог закончиться для меня гораздо трагичнее:

Однажды я был на дежурстве и должен был утром развести огонь, чтобы вскипятить кастрюлю с водой для завтрака. Группа туристов обычно варила две кастрюли: одну для супа-каши, куда мы бросали овощи (если они у нас были), крупы (гречка или что-то в этом роде) и пару банок тушенки; другой был чай — одна пачка 50-100 грамм чая на одно ведро воды. Но всю ночь шел дождь. Вся древесина была мокрой. Мои спички тоже намокли. Что бы я ни делал, у меня костер не зажигался. Теперь, когда я знаю не менее десятка способов разжечь костер, даже под дождем, я думаю, какой же я был новичок... Так или иначе, промучившись два часа впустую, я был спасен нашим инструктором, который вынул из кармана газовую зажигалку в одно мгновение зажег костер.

Многие маршруты, которые мы проложили, проходили выше линии снега и требовали некоторых навыков альпиниста. В одном из них каждый шел друг за другом, держась за веревку, страхуя на случай падения со скалы. Еще одним набором навыков было использование ледоруба. Ледоруб – универсальный инструмент, которым пользуются альпинисты всего мира. Похожий на букву Т, его можно использовать как трость, молоток, кирку или резак, а также как якорь в случае скольжения по льду, чтобы помочь падающему человеку замедлиться, остановиться и добраться в более безопасное место. Наша проблема заключалась в том, что из-за всеобщей бедности в нашем лагере не было ледорубов... Вместо этого мы взяли толстые деревянные палки, обрезали их по форме и заточили один конец. Итак, однажды наша команда отправилась на тренировку — использовать импровизированные ледорубы на ледяных горках. Но, к моему несчастью, в тот день меня оставили в лагере — дежурить, поэтому я пропустил эту тренировку. На следующей неделе, когда мы шли по ледяному склону, моя нога поскользнулась на льду, и я начал скатываться с холма. У меня был деревянный ледоруб, им я пытался пробить лёд, чтобы замедлить ход. Но из-за скольжения мои руки были подняты вверх, и в таком положении я не смог вкопаться в твердый лед. Если бы я тренировался, я бы знал, что мне нужно приблизить ледоруб ближе к груди и использовать весь свой вес, чтобы глубоко его воткнуть. Тем временем моя скорость увеличивалась, я скользил ногами вперед, все это заняло секунд 20, но для меня это длилось бесконечно. Наконец я естественным образом замедлился, и мои ноги уперлись в кучу льда и снега. Я вздохнул, обернулся, и сердце у меня почти остановилось — я сидел в метре от края бездонной пропасти! Если бы не случайная куча замерзшего снега, я бы летел в свободном падении к своей смерти.

Были походы по долине Домбая, довольно забавные: каждый раз, когда группа поднималась наверх, все относились к этому серьезно и с уважением к природе, которая может быть очень приятной и красивой, или отвратительной и опасной. Но когда мы спускались, стресс исчезал, многие защитные инстинкты были ослаблены, и мы чувствовали себя в безопасности и были счастливы, возвращаясь домой в базовый лагерь. И большинство несчастных случаев происходило именно тогда, когда мы их не ожидали. Это касалось даже опытных инструкторов. Во время одного радиального похода мы возвращались домой в долину - все были уставшими от проделанного восхождения. Когда кто-то пожаловался и попросил инструктора сбавить скорость, инструктор решил «подбодрить» команду, приказав: «Бежим!» Это в любом случае глупо, особенно в горах, когда спуск предполагает гораздо более длинные вертикальные шаги и не всегда видно, куда ступаешь. Поначалу это было весело, но потом я оступился и чуть не вывихнул лодыжку. Но моему другу не повезло — его нога подогнулась, когда он наступил на камень, и он чуть не порвал связку, из-за чего он хромал до конца лагеря. Вот забавная часть этой поездки. Когда мы наконец спустились, нам пришлось пройти еще три километра до нашего базового лагеря. По обе стороны узкой дороги росли кусты малины, полные спелых красных ягод. Было приятно их есть. Примерно в полукилометре стояла небольшая хижина, и местная женщина принесла на продажу банку йогурта. Мы купили йогурт, а потом кто-то предложил смешать его с малиной, чтобы получилось что-то вроде фруктового кефира. Идея была принята, мы достали чашки, и следующие десять минут наслаждались вкусным напитком. Как мы позже выяснили, примерно у половины нашей команды была непереносимость к этой смеси. Мне повезло, потому что я любитель молока и йогурта. Так или иначе, после того, как я и мой друг прибыли в лагерь (двигались мы медленно из-за его ноги), половины нашей группы не хватало. Они медленно появлялись один за другим в течение следующих четырех часов :-).

Наконец настал тот день, когда нам пришлось упаковать все палатки и разобрать базовый лагерь, готовя его к транспортировке обратно на склад. Нас оставили в лагере с рюкзаками в ожидании утра, чтобы отвезти на вокзал и вернуться домой. Это было 30 августа, начало осени, которая наступает в этой горной долине очень резко. Я думал о том, чем бы мы могли заняться этой ночью — о сне не могло быть и речи. Кто-то зажег огромный костер посреди лагеря, и постепенно все студенты собрались вокруг — это было самое теплое и светлое место. И тут я увидел незнакомого парня с гитарой в руке. У него были золотисто-седые волосы, и мне сказали, что его прозвище было «Седой». Он сел поодаль от костра, взял первый аккорд и начал петь. У него определенно был большой талант, его песня была страстной и мелодичной. Закончив первую песню, он без лишних слов приступил ко второй. Этот парень не был студентом института. Он пришел в лагерь, зная, что он нам нужен, и эта ночь была его. Он выступал почти без перерыва в течение многих часов. В его репертуаре была огромная коллекция знаменитых бардовских песен и многих других, которые я раньше никогда не слышал. Когда первый солнечный свет коснулся верхушек деревьев, он исчез так же быстро, как и появился. Я спрашивал многих людей — никто не знал ни его имени, ни чего-либо о нем.

Итак, что мне нравится в поездках в горы? Вы, возможно, удивитесь, узнав, что мое лучшее чувство – это возвращение домой! Я чувствую себя здоровым, физически и морально отдохнувшим, мои легкие наполнились лучшим воздухом на Земле, я полон сил, чтобы вернуться к своей жизни. Все это я получил в горах. И это приключение преследует две цели: довести себя до предела, выжить и получить от этого удовольствие. Я добился этого и возвращаюсь с огромным чувством выполненного долга.

* * *

ВИЛЕН ЗЕВИН

Еврейская эмиграция из СССР в Израиль началась под воздействием двух основных сил: борьбы евреев за свободу выезда из СССР и международного давления, в основном со стороны США. Пика своего развития она достигла в период с 1972 по 1978 годы и потребовала много мужества, настойчивости и веры. Те, кто пытался совершить *алию*, были евреями с сильным желанием жить на своей исторической родине; они *лелеяли* идеи сионизма, изучали иврит, зачастую с большим риском для жизни из-за преследований со стороны КГБ. Многие из них открыто презирали коммунистический ГУЛАГ и становились диссидентами, для которых единственным реальным выбором в жизни было выбраться на Запад или быть отправленным в лагерь на Восток.

В 1972 году я был студентом Киевского Политехнического института (КПИ), а на третьем курсе профессором, преподававшим теоретическую физику, был Вилен Яковлевич Зевин, естественно, еврей. По иронии судьбы, его имя Вилен было аббревиатурой имени Владимира Ильича Ленина — культового лидера Коммунистической партии, безжалостного и кровавого апологета терроризма, наравне с Гитлером и Сталиным. Но это было чертой того времени, когда родился Зевин. Евреи в истории всегда были среди прогрессивных людей и соответственно называли своих детей. Не будем винить их в этих заблуждениях — мировое еврейство получило то, за что боролось, к сожалению, ценой шести миллионов погибших во время Холокоста и Второй мировой войны.

Зевин был большим интеллектуалом. Он приходил в аудиторию по звонку, подходил к одной из девушек, сидящих в первом ряду — они обычно хорошо конспектировали лекции, просматривал последнюю лекцию, брал мел и продолжал новую лекцию, без каких-либо заметок или пособий, прямо с головы! И одновременно он преподавал 3-4 различных курса физики на разных факультетах!

Мне повезло, что я смог брать у него курс по статистической физике. Мне нравился этот предмет, и я был чрезвычайно впечатлен мощью статистической физики, где вместо изучения физических свойств материи, рассматривая отдельные частицы, как это делал Ньютон, вы можете получить эти свойства, усредняя поведение частиц. А многие результаты были универсальными, создавая впечатление, будто ты владеешь глубоким знанием и понимаешь тайны природы. Это было потрясающе!

Когда я пришел на экзамен и взял билет с вопросами, я был спокоен и уверен в себе. Но, стараясь ответить получше, я решил всё записать, чтобы быть уверенным, что смогу всё правильно ответить. Зевин воспринял мою задержку как признак моего незнания и саркастически спросил: «Ну что, Роман Нухимович, тонем?»

Учителя никогда не обращались к ученикам по имени-отчеству. Это зарезервировано только для старших и начальников. Так что, используя мое отчество, которое, кстати, звучало очень по-еврейски, он вообще-то выразил следующее: «Ты тонешь… ты еврей, но не знаешь предмета, позор тебе.»

Я оставил его оскорбление незамеченным и сказал: «Ничего

подобного, я готов». В тот день я получил пятерку. Гордился ли я? Я не помню, но знаю, что я её заслужил.

Настоящая награда пришла ко мне в следующем семестре, когда я брал другой курс Зевина по квантовой механике. Однажды после занятий он подошел ко мне и сказал: «У нас здесь проходит семинар по физике - ты хотел бы в нём участвовать?» Что за вопрос! Я начал посещать семинар, где каждое занятие начиналось с обзора литературы, каждый раз выполняемого другим человеком, а затем — презентаций оригинальных научных статей, сделанных их авторами. Через несколько сессий Зевин подошел ко мне и спросил: «Хочешь ли ты сделать обзор литературы?» Я с готовностью согласился, и он дал мне распечатанную статью. Я быстро просмотрел ее — это была статья из журнала Physics Review B, написанная, разумеется, на английском языке. «Но это на английском», сказал я. «И что?», спросил Зевин. «Это проблема?» Я сказал - нет.

Следующие три недели я работал над этой статьей. Первые две недели я переводил, пытаясь понять правильное значение всех терминов, просматривая уравнения, затем начал собирать все это воедино, постигая реальный смысл работы, о которой я должен был рассказывать на семинаре. Я сделал эту презентацию на семинаре вовремя, и все прошло хорошо. Публика отнеслась сочувственно: они знали, что я новичок, и не хотели, чтобы я потерпел неудачу.

Моя настойчивость снова окупилась. Однажды Зевин подошел ко мне и сказал: «Хочешь решить задачу по физике твердого тела?» Это было божественное предложение! Настоящая исследовательская работа была мечтой всей моей жизни. Зевин подробно объяснил мне проблему и назвал имя своего коллеги Борис — доцента, который отныне будет моим наставником и соучастником "преступления". Я начал работать над этой задачей и примерно через два месяца мое решение было готово. Это было просто и элегантно.

Но не думайте, что я был настолько продвинутым. Просто

Зевин с его поистине еврейской мудростью хотел помочь мне стать настоящим физиком-теоретиком. Для этого он дал мне первую задачу не слишком сложную, он дал мне так называемую «модельную задачу», то есть задачу, целиком основанную на некоторой упрощенной модели реального твердотельного кристалла. Задачу, которая позволила мне получить простое решение за разумное время. Это был его самый большой вклад в мою будущую карьеру — он воодушевил меня и дал мне уверенность справиться с будущими проблемами, которые будут гораздо более сложными.

В отличие от этого, мой друг по институту Леша, который примерно в то же время начал свою исследовательскую работу, получил от своего наставника задачу, которая была намного более сложная. Потратив шесть месяцев на её решение, Леша сдался. После этого он никогда не прикасался к теоретической физике, а стал экспериментатором и со временем - хорошим, получил степень доктора наук и стал заведующим экспериментальной лабораторией в Институте Полупроводников АН (ИПАН).

К сожалению, за месяц до нашего экзамена по квантовой механике Зевин исчез. Никаких объяснений от руководства института нам не дали. Единственное, что нам сказали, это то, что экзамен будет принимать его коллега Борис. Причину, конечно, мы узнали позже: Вилен Яковлевич Зевин решил эмигрировать в Израиль.

В семидесятые годы советские власти очень боялись еврейской эмиграции. Не потому, что боялись потерять еврейские мозги самых талантливых людей страны. Нет, граждане всегда считались заменяемыми, о них никто никогда не заботился. Настоящая причина, по которой так боялись еврейской эмиграции, заключалась в том, что она наглядно демонстрировала другим узникам системы, что существует способ выбраться из этого большого концентрационного лагеря под названием СССР. Многие другие этнические группы (называемые национальностями), как мелкие, так и крупные, также хотели удрать. В этом была проблема. Итак, коммунистическое правительство сделало все, чтобы затруднить еврейскую эмиграцию, унизить претендентов, сделать их несчастными, обобранными до последней копейки, потерявшими всё — просто чтобы показать остальному населению — это произойдет с вами, если вы осмелитесь!

Зевина вызвали на два собрания-чистки, которые он проигнорировал. Тогда его вызвали на собрание профессорско-преподавательского состава, проводимое партийными чиновниками и «инструкторами» КГБ (не пойти он не мог…), где тщательно отобранные докладчики поливали его голову грязью, обвиняя его в отсутствии патриотизма, называя его предателем, едва не угрожая применить высшее обвинение в государственной измене, повлекшее бы за собой тюремное заключение или даже расстрел. Это было подло, и Вилену Яковлевичу пришлось через это пройти в процессе эмиграции.

Самое ужасное было то, что многие его коллеги, с которыми он работал годами, имея какие-то товарищеские или даже дружеские отношения, теперь сохраняли невозмутимые лица и делали вид, что не знают его — они просто боялись, что его провокационная попытка освободиться запятнали бы их собственное благополучие. В конце концов — он будет жить в Израиле, но они всё равно будут жить здесь. Кстати, небольшая группа украинских коллег ему сочувствовала.

Процитирую тогдашнюю публикацию «Еврейского телеграфа»:

Вилен Зевин, еврейский преподаватель физики Киевского Политехнического института, был отстранен от должности после подачи заявления на визу в Израиль, как стало известно сегодня из еврейских источников. Вилена обвинили в том, что он «продал себя сионистам», когда он явился на собрание физического факультета института, чтобы получить характеристику, необходимую для подачи заявления на визу. Партком объявил его политически ненадежным и заявил, что будет призывать администрацию уволить его. С момента этого собрания, по словам источников, Вилену не разрешили встретиться со студентами или принять у них экзамены.

Но это было только начало. Его дочь исключили из Московского Государственного университета (МГУ) без каких-либо зачетов и подтверждающих документов - ей поставили двойку по политэкономии. К счастью, после, ей удалось получить копию зачетки и продолжить обучение в Израиле; ему пришлось заплатить сумму примерно равную четырехмесячной зарплате за свое «институтское образование», что было чистым грабежом. В СССР было бесплатное высшее образование. Чтобы оплатить эти расходы, каждому выпускнику необходимо было после окончания учебы проработать три года в государственной компании по назначению, исходя из текущих потребностей в рабочей силе. Через три года долговых обязательств не было.

Последней каплей стала квартира. В то время вся жилая недвижимость формально принадлежала государству. Так, каждый эмигрант был обязан перед выездом из страны оплатить полный ремонт квартиры. И все это делалось в стране, где не было легального частного предпринимательства, большинство людей не имели сбережений и жили на свою ежемесячную зарплату.

Коллега Зевина проводил экзамен в конце семестра. Мне было легко — его знания по квантовой механике были не лучше моих, по крайней мере, я изучал этот курс в течение последнего семестра — он прошел его много лет назад и не практиковал в этой области.

Моя первая статья в итоге была опубликована в Вестнике КПИ, имевшим очень ограниченный тираж, но тем не менее я ею гордился. Это положило начало моей научной карьере, которая длилась в СССР четырнадцать лет.

К сожалению, я больше никогда не видел Зевина. Сейчас мне жаль, что я не оказал ему тогда никакой поддержки. Он был бы рад. Я абсолютно уверен. Мы были молоды и глупы, мое еврейское самосознание находилось в зародыше, день моей эмиграции еще не наступил. Недавно я провел поиск и обнаружил, что после иммиграции в Израиль Вилен Зевин работал профессором физики в Институте физики Рака, входящем в состав Еврейского университета в Иерусалиме, пока не вышел на пенсию с должности почетного профессора.

Эта история была бы неполной без эпилога. Используя адрес электронной почты, опубликованный на веб-сайте Рака, я отправил Зевину электронное письмо, представившись и выразив глубокую благодарность за то, что он сделал для меня, когда я был студентом. А еще я сказал, что прошу прощения за то, что не смог помочь ему в такое тяжелое для него время... На следующее утро я получил ответ!

Уважаемый Роман:

Да, это я - Вилен Зевин из КПИ.

Прошел 51 год с тех пор, как я живу в Израиле со своей семьей.

Я на пенсии, как и вы, с той лишь разницей, что мне больше 94 лет, а вы, должно быть, молодой человек лет 70. В Израиле я продолжил свою карьеру в качестве профессора физики в Еврейском университете в Иерусалиме.

Спасибо за хорошие воспоминания обо мне. Очень приятно знать, что мои советы помогли Вам найти свой путь. Вы также сделали впечатляющую карьеру в США, я видел веб сайт вашей компании.

Желаю Вам и Вашей семье всего наилучшего, особенно – крепкого здоровья.

Шана Това.

Вилен.

Был ли я удивлен, получив ответ? Да и нет.

Да, потому что, мы полвека не общались и всякое могло случиться в течение такого долгого времени.

И нет, потому что этот день был Йом Кипур, самый святой день в году -

День Искупления, - время попросить и получить прощение.

Спасибо, профессор Зевин.

Пусть ваше имя будет записано в Книге Жизни.

Шана Това!

* * *

ЧЕРЕЗ ТЕРНИИ К ЗВЕЗДАМ

Есть три случая, когда кто-то хочет сидеть в первом ряду парт в классе института: когда студент очень этого хочет, чтобы показать преподавателю свою хорошую активность на уроке, при плохом зрении или когда все остальные места в классе заняты и нет возможности другого выбора. Сегодня такой третий случай был у меня. Лекция проходила во время курса по полупроводниковым приборам, моего любимого предмета в этом семестре, но лектор был идиотом. Он был стареющим профессором института, который так и не освоил даже предмет, который преподавал, и приходил на занятия два раза в неделю — просто чтобы прочитать желтую стопку бумажных конспектов. Он получил должность в институте, став парторгом. Его лекции были скучными из-за отсутствия у него преподавательского таланта, а также из-за того, что он был скрытым алкоголиком, скрывавшим свою зависимость и ненавидевшим за это евреев. Почему? Я этого не знаю.

Сегодня я планировал потратить время его лекции на выполнение домашнего задания для другого класса, и сидеть в первом ряду было неразумно. В класс я попал в последний момент, все дальние места были заняты и мне пришлось занять последнее место — прямо перед учителем. В середине урока он заметил, что я глубоко увлечен своей работой, не проявляя никакого внимания к его монотонному бубнению, поэтому он стал у моей парты и спросил: «Интересно, что делает этот студент?» Это отвлекло меня от работы и, не найдя ничего лучшего (как глупо с моей стороны!), я ответил: «Вас это не должно интересовать!» Я имел в виду совсем не это, но переход от уравнений математической физики к реальности был слишком резким. Все в классе громко охнули, ожидая представления, но его (пока) не произошло. Он проглотил мою обиду, но отныне у меня появился могущественный враг.

В этот курс также входила курсовая работа, для которой у меня должен был быть наставник, работа под его руководством, а затем — сдача письменного отчета на выпускном экзамене в конце семестра. Когда я нашел себе наставника, я был очень рад — я ожидал что это будет моя первая экспериментальная работа на факультете диэлектриков и полупроводников — области, в которой я планировал работать после окончания учебы. Забегая вперед, моим наставником был доцент, но такой же неудачник, как и профессор, который вел курс. Вместо предложения настоящей исследовательской работы он вытащил желтый лист бумаги (знакомо?) с рисунком плоского цилиндрического конденсатора и предложил мне вывести формулу для расчета его емкости. Видимо, он хотел, чтобы я исчез с его горизонта до конца семестра — он предполагал, что эта задача займёт меня надолго. Я сказал: «И это все?» Он ответил: «Да».

Хорошо. Я ушел, покопался в литературе по инженерной математике и очень скоро обнаружил, что с помощью так называемого Z-конформного преобразования можно свести эту задачу к хрестоматийной тривиальной. За две недели я решил задачу, приложил дополнительные усилия, создав очень простое приближенное выражение, не требующее никаких специальных функций (только для моего наставника), и написал отчет (конечно, от руки: пишущие машинки были очень редким инструментом, студенты не могли себе их позволить, да и компьютеров еще не было) и отдал своему наставнику. По крайней мере, с этой задачей я справился. К выпускному экзамену я был готов — я изучал этот предмет не для экзамена, а для себя, очень глубоко — это было моей страстью и интересом.

Когда я пришел на экзамен, мои сверстники были готовы что-то увидеть — у нашего профессора была очень хорошая память, и он никогда никого не отпускал безнаказанно. Чтобы подстраховаться, я разработал такую стратегию: для каждого ответа, который я давал, я писал подробности, чтобы, когда я отвечал, у меня было доказательство того, что я все сделал правильно, на случай если он решит меня завалить. Но он все же нашел способ отомстить. Он вытащил мою курсовую работу и сказал: «Посмотрите на свою работу, она написана от руки, нет красивой обложки, переплет сделан только скрепками… Некоторые другие студенты справились гораздо лучше». И он вытащил красиво оформленный отчет от худшего ученика в классе — он был аккуратно напечатан, профессионально переплетен и имел синюю ленточку сквозь пробитые отверстия. Профессор даже не читал мой отчет — он не понимал математику… Он поставил мне четверку. Все еще выглядит неплохо? Ну, в советских вузах студентам давали ежемесячную стипендию (которая возвращалась, когда студенты работали на определенных местах в течение трех лет после окончания учебы), но, если все экзаменационные оценки были пятерками, стипендия увеличивалась на 25%, что являлось существенным увеличением. Так что, он лишил меня повышенной стипендии на целый семестр. Это было мое маленькое наказание — я не жаловался. Мое настоящее разочарование произошло, когда я вернулся к своему наставнику, чтобы поговорить о своей курсовой работе. Он вытащил еще одну «книгу» — дипломную работу какого-то студента, чаписанную задолго до моего поступления в институт — этот студент выполнял точно такую же работу… Это означало, что наставник снова и снова давал своим студентам одну и ту же задачу, делая вид что он занимается исследовательской работой (для институтского руководства), но на самом деле он сидел в своем кабинете и ничего не делал. Какое ужасное болото была эта кафедра!

Мне нужно было срочно расширить свои возможности обучения. Единственным другим местом в Киеве был Государственный университет. Но как я мог туда попасть? У них был охранник на входе, проверявший студенческие пропуска у всех входящих. Я пошел в деканат моего факультета и попросил рекомендательное письмо, просто указав, что я студент, который просит разрешения прослушать некоторые курсы в университете. Причина, по которой мне удалось это письмо получить, заключалась в том, что в нашем институте занятия проводились в две смены: первую и вторую. Поскольку в этом семестре мои занятия проходили во вторую смену, мой деканат не возражал, если я посещал какой-нибудь класс в первую смену. Таким образом я попал в университет, получил официальный временный студенческий пропуск, затем поговорил с одним из профессоров, ведущих занятия по теоретической физике, и с его разрешения начал ходить на лекции!

В конце семестра я подошел к этому профессору и спросил, могу ли я сдать экзамен. Он очень удивился и спросил: «Почему?» «Ну, — объяснил я, — я хочу просто сдать экзамен — доказать себе, что я освоил ваш курс — я не прошу никаких официальных оценок или документов». Он согласился, и через несколько дней мы сидели на скамейке в парке перед университетом: он задавал мне вопросы по курсу, я отвечал. Это сильно укрепило мою уверенность в себе: я только что нашел способ получить образование, которое хотел, независимо от того, как устроен этот мир.

Следующий семестр был более трудным: мои занятия были в первую смену, а секретарь деканата отказалась дать мне необходимое письмо. Итак, я подделал дату на своем студенческом пропуске (виноват, но не сожалею) и смог прослушать другой курс в университете. Проблема началась, когда меня вызвали к декану нашего факультета и сделали выговор за пропуск регулярных занятий в институте — у нас было обязательное посещение. Я утверждал, что хорошо сдал экзамен по предмету, который пропустил, так почему его это волновало? Когда я сказал ему, что пропускал занятия, чтобы посетить дополнительные занятия в другом месте, он был удивлен и оскорблен. Я не знаю, действительно ли он понятия не имел, что программы его факультета и классов сильно устарели, или он просто делал вид. В конце концов я выжил — отличника не посмели отчислить за прогулы — такого прецедента еще не было...

Третий семестр был еще интереснее: мой студенческий билет стал визуально непрезентабельным, бумага стала хрупкой и грязной, но мои занятия остались в первой смене. Я застрял. Однажды я ходил возле университета, думая, как попасть внутрь... Настало время занятий, прозвенел звонок. Некоторые студенты бежали от автобусной остановки, опаздывая на занятия. Но, к моему удивлению, они не вбежали через парадную дверь. Они побежали за здание! Я побежал за ними и... выход был: забор вокруг здания в одном месте был ниже, и через это место студенты могли проникнуть внутрь, не позволяя охранникам на входе обнаружить их опоздание. С этого дня я смог посещать еще один класс в университете без студенческого пропуска.

И этот класс стоил многого — моей профессиональной жизни!

Это было в 1832 году, когда молодой, 20-летний французский математик Эварист Галуа погиб на дуэли из-за своих любовных связей. Он оставил после себя работы, что сделало его отцом великой математической области: теории групп. В наше время теория групп стала одним из самых мощных методов изучения и описания физики мира, основанной на строении и симметрии кристаллических решеток, молекул и т. д. Физик-теоретик из Института Полупроводников АН (ИПАН), по имени Валентин Шека, вел этот курс. С первого и до последнего занятия я был абсолютно очарован — я чувствовал огромную силу теории групп, которая позволяла мне предсказывать физические свойства различных материалов, просто основываясь на общих принципах законов симметрии. Метод преподавания Шеки был трудным — он требовал от студентов следить за его длинным изложением, уметь понимать логику и в то же время — делать заметки. В то время преподаватели институтов не давали конспектов... и во многих случаях не было книг, точно следующих за классами, поэтому делать конспекты было абсолютно необходимо. Я придумал свой способ обучения: во время занятий я прилагал основные усилия к тому, чтобы все понять, по-возможности, записать конспекты так быстро, как только можно было, как бы сумбурно это ни было. Но потом, после каждого занятия, я просматривал лекцию и писал второй конспект - четкий, правильный и со всеми дополнительными деталями, которые мне были нужны.

После семестра я попросил Шеку сделать мне экзамен. Он с готовностью согласился и пригласил меня приехать к нему на работу в ИПАН. Когда я пришел, Шека усадил меня за круглый стол в фойе, написал мне три задачи из своего курса и вернулся к работе. Мы договорились, что он вернется через три часа. Когда он вернулся, я показал ему свои ответы, мы обсудили детали, и он поздравил меня с прохождением экзамена. Итак, какова была моя награда? Моей наградой стала уверенность в том, что теперь я смогу самостоятельно заниматься теорией групп. На самом деле все было не так...

По совпадению, одному из исследователей моего института понадобился студент для такой работы. Он изучал инфракрасные спектры некоторых органических молекул, используемых в промышленности, и ему нужно было рассчитать количество различных спектральных линий, чтобы иметь возможность их обнаружить и идентифицировать. Я пришел к нему в лабораторию и вызвался провести расчеты. Он познакомил меня с проблемой: молекула с 96 атомами. Я потратил четыре недели на расчеты и наконец понял, что на их выполнение у меня уйдут годы! Это было до эпохи компьютеров, и все расчеты проводились вручную. В этот момент я вернулся к своему наставнику и отозвал свое предложение. С тех пор я никогда не работал в области теории групп.

Но удача была со мной: примерно через месяц Шека позвонил мне и сказал: "У меня есть коллега, его зовут Зиновий Грибников, один из ведущих физиков-теоретиков в ИПАН. Он ищет студента для работы над какой-то задачей по прикладной теоретической физике, хотели бы вы с ним встретиться?" *Конечно, я хочу!*

На следующей неделе я снова приехал в ИПАН, чтобы встретиться с Грибниковым. Это был высокий седой мужчина с широкой улыбкой и очень дружелюбным поведением. Позже я узнал, что такое хорошее отношение его коллеги, должно быть, заслужить. Во всем, что касалось его работы, Грибников был очень прямолинеен, бескомпромиссен и иронично, а то и скептически относился к чепухе и вздору. Он предложил мне задачу и потратил довольно много времени, объясняя область, в которой он работал, современное состояние науки на тот момент и обрисовывая, чего он пытался достичь. Все это звучало очень интересно и заманчиво. Таким образом, еще учась в институте, я начал с ним работать, заниматься исследовательской работой по физике, которая позже, по окончанию института, стала моей институтской дипломной работой. После окончания института Грибников обещал взять меня работать в свою группу в ИПАН.

Но, как гласит мудрость: "Человек предполагает, Бог располагает…" Получить работу в ИПАН было непросто — у ИПАН была годовая квота на количество новых инженеров, которых они могли нанять в нашем институте. В том году у них было четыре должности. Но были и другие отделы! А руководителем одного из этих отделов был заместитель директора ИПАН Владимир Лысенко, имевший гораздо больше связей и власти, чем Грибников. Была и еще одна проблема: некоторые выпускники института не были киевлянами. В случае приема на работу ИПАН должен был обеспечить им условия для проживания. И количество их тоже было лимитированo. Итак, на каждого выпускника, имеющего киевскую прописку, ИПАН должен нанять того, кому нужна прописка.

В день "раздачи работ" я был уверен, что это будет работа в ИПАН. Традиционной практикой было то, что всех студентов приглашали в большую комнату, по периметру которой стояли столы, а за ними сидели представители разных компаний и организаций. Выпускники имели возможность выбрать любую предложенную работу, и, если представители соглашались, сделка заключалась. На самом деле все сделки уже были заключены. И студенты, и представители организаций знали, кто куда идёт. Помимо жилья, была ещё одна щекотливая тема - допуск: большинство представителей были из предприятий ВПК где евреев принимать не хотели. Это был 1975 год — пик второй волны еврейской эмиграции из СССР. ИПАН принадлежал Академии наук Украины, поэтому вопросов с допуском было гораздо меньше, а был только «обычный» советский украинский антисемитизм.

Поскольку мои оценки были одними из лучших на нашем потоке, я ожидал, что меня пригласят выбрать работу среди первых выпускников. Но, к моему большому удивлению, этого не произошло. Мне пришлось ждать почти два часа, после того как практически все мои сверстники получили работу. Потом меня пригласили. Ко мне подошел декан факультета и сказал: "Я могу предложить Вам работу в *этом* месте" и указал на представителя, сидевшего за столом с табличкой «Институт Кибернетики». Об изменении планов мне никто не сказал. Это было не то, чего я ожидал, поэтому отказался. "Ну, тогда вы пойдете работать туда", и декан показал мне столик в углу, где у вывески сидел представитель с названием завода в маленьком, богом забытом городке, о котором я никогда не слышал. ...Я обиделся и очень разозлился. Как они могли сделать это со мной? Я развернулся, хлопнул дверью и пошел домой.

В тот вечер я разговаривал с Грибниковым, и он объяснил мне ситуацию — он не мог мне помочь — это было выше его полномочий. Но была и хорошая надежда: он поговорил с Лысенко, который пообещал ему, что, когда все выпускники отработают свои обязательные три года, он хотел бы взять меня в свою лабораторию. Не потому, что Лысенко так высоко оценивал мои профессиональные способности - он знал меня очень мало. Причина его обещания заключалась в том, что, если бы я сотрудничал с Грибниковым, но работал в лаборатории Лысенко, это дало бы Лысенко уникальную возможность стать соавтором работ Грибникова. Это было то, чего он хотел. Но для меня это уже не имело значения. Это было лучше, чем ничего. Пришлось отложить свою гордость, Институт Кибернетики тоже принадлежал Академии наук, просто работа будет по электронике, а не в области физики, но года через три я смогу ее сменить, может быть... На следующий день я вернулся в свой институт и подписал направление на работу.

Итак, как же это произошло потом? Я три года проработал в Институте Кибернетики, потом ушел из него и поступил в ИПАН, в лабораторию Лысенко. Это позволило мне выполнять прикладные теоретические работы для лаборатории и сотрудничать с Грибниковым. Оба моих начальника были довольны. Эти отношения продолжались следующие одиннадцать лет.

ПРОСВЕЩЕНИЕ ИЗ ТРУБКИ

После института меня направили работать младшим инженером-электриком в Институт Кибернетики в Киеве. Для многих выпускников это была бы просто мечта, но поскольку моей мечтой была физика, работать среди инженеров и программистов, разрабатывающих промышленные применения компьютеров, было неинтересно. В СССР выпускники вузов были обязаны поступить на работу из списка, составляемого руководителями вузов и согласованного с соответствующими министерствами. Если кто-то отказался принять одну из предложенных должностей и решил уйти, его тут-же призывали на военную службу вместо работы по выбранной профессии. Я выбрал эту работу по необходимости, потому что другие предложенные мне варианты были намного хуже.

В первый день мой будущий начальник сообщил мне, что ему нужен человек с хорошей головой (он имел в виду мозги), руками и ногами. Я повернул голову к зеркалу на стене - похоже, у меня есть все... Задачей его группы была разработка управляемой компьютером системы, которая постоянно отслеживала бы диаметр стеклянных трубок, используемых для производства люминесцентных ламп. Но для того, чтобы превратить эту задачу в чисто математическое упражнение для программистов, кому-то нужно было *измерить* диаметр трубки. Вы, наверное, подумали: "*Большое дело*", но трубка, когда ее вытягивали из печи с расплавленным стеклом, имела температуру выше 500 градусов Цельсия, она была гибкой и быстро двигалась к концу линии, где должна была стать люминесцентной лампой.

Разработка бесконтактного «датчика» диаметра трубы стала моей постоянной работой на следующие три года. Это выглядело как хорошая задача, и я с энтузиазмом бросился в бой. Мы использовали специальный метод с вращающимся диском, имеющим вырез с двойной спиралью Архимеда, создающий световое сканирование трубки вперед и назад. Стоящий за диском фотодатчик преобразовывал свет в электрические сигналы, которые оцифровывались и подавались на большой автономный компьютер - копия американского PDP-11, украденная СССР и странами восточного блока и производимая ими совместно. Мое устройство представляло собой стальной блок U-образной формы с блестящим отражателем из нержавеющей стали, имеющим внутри зигзагообразные трубки для водяного охлаждения. На лабораторном столе это работало просто отлично, и я был уверен в нашем успехе. Моя наивность не позволила мне даже предположить, что проблема находится где-то в другом месте.

Завод находился в столице Мордовии городе Саранске, куда я стал ездить регулярно. Я много раз бывал на этом заводе и, вообще-то, проводил там больше времени, чем дома в Киеве, и вот как выглядел процесс:

Стекловаренная печь напоминала двухэтажное здание, из которого многие тонны расплавленного стекла выдавливались через боковое отверстие под давлением компрессора, чтобы предотвратить слипание. В 5-7 метрах от печи эта гибкая раскаленная трубка подавалась на ролики, расположенные на конвейерной ленте, тянущий ее горизонтально от печи. Скорость конвейера меняла диаметр трубки на конце, чтобы получить нужный, когда она затвердеет. Чем выше скорость конвейера, тем меньше диаметр трубы, и наоборот. В начале конвейера, возле печи, сидел оператор — «Дядя Вася», старый, матёрый рабочий с тёмно-красным лицом, обожженным инфракрасными лучами, исходящими из трубок. Он держал U-образный калибр, расположенный вокруг движущейся стеклянной трубки, и покачивал его, проверяя зазор и, при необходимости, контролируя скорость конвейера. Итак, Дядя Вася был датчиком и управляемой человеком системой стабилизации диаметра трубки в одном лице.

Причина, по которой инженеры завода считали иметь необходимым постоянный диаметр трубки, заключалась в следующем: если диаметр трубки был слишком большим, то крышки с электродами, расположенные на концах трубки, могли ее сломать. Если он был слишком мал, то существовала вероятность утечки, когда трубка была загерметизирована и заполнена флуоресцентным газом. На заводе уже был установлен компьютер, он имел отдельное помещение на втором этаже, выше конвейера со стеклянными трубами, изолированное от шума и пыли рабочего зала. Так что нам оставалось только провести туда кабель от моего прибора.

Мы потратили несколько дней, изготавливая деревянную раму, чтобы закрепить мой прибор в большом деревянном ящике, а затем отнесли его экспедитору, чтобы послать его из Киева в Саранск. Когда через неделю мы приехали на завод, нашего груза (как и ожидалось) там не оказалось… Мы нашли его, доставленного не по тому адресу, за 80 километров от завода. Когда мой прибор, наконец-то, доставили на завод, его выгрузили из огромного грузовика, и прежде чем мы успели что-либо сказать, двое рабочих схватили этот 100 Кг ящик, подбросили его в воздух и швырнули на землю с высоты почти двух метров… Еще неделя у нас ушла на замену трубок внешнего охлаждения и ремонт сломанных деталей внутри прибора.

Наконец мы собрали всю систему и два последующих месяца помогали нашему программисту доработать алгоритм управления и приступить к реальному тестированию системы, конечно, при поддержке того же Дяди Васи, который все еще сидел за столом, но вместо проверки диаметра с помощью калибра, он просто смотрел на трубку, молча качая головой, не одобряя того, что наблюдал. Система работала хорошо.

Через три дня, придя утром на завод, мы увидели, как Дядя Вася снова пользуется калибром. На наш вопрос он ответил: «Ваша система не работает, мастер приказал мне работать как всегда». Мы поднялись наверх, и наш инженер изучил неполадки — компьютер точно не работал. Через две минуты инженер вскрикнул: "Печатная плата выдернута! Конечно, не работает! хх-хх! (серия непечатных слов)" Судя по всему, во время ночной смены кто-то проник в компьютерный зал и вывел компьютер из строя, слегка выдернув одну из плат. Это был гнусный акт саботажа, совершенный одним из старожилов, которые боялись, что в случае нашего успеха они потеряют работу. Луддиты двадцатого века! Такая ситуация, видимо, повторилась еще несколько раз впоследствии, но потом мы не знали наверняка, была ли это диверсия, как мы это доказали в первый раз, или же она была вызвана плохими условиями, существовавшими на производстве. Мы работали в этом месте достаточно долго и усовершенствовали нашу систему — она действительно могла работать неплохо, но всё равно не очень долго. И в конце концов — никто не потерял работу — Дядя Вася оказался незаменимым.

Этому способствовали три причины:

Во-первых, компьютер PDP-11 в его советском исполнении был ненадежен, его вставные платы, подключенные к основной плате, имели деликатные контакты, которые легко окислялись в промышленных условиях, делая компьютер бесполезным.

Во-вторых, из-за мощных электромоторов, насосов и сварочного оборудования, создававших пусковые токи, перегрузки и искры, все электрические линии имели помехи и проведение качественных измерений для управления процессом было трудно.

Третья и самая главная проблема, заключалась в том, что,

если по какой-либо причине, мягкая светящаяся стеклянная трубка рвётся, Дядя Вася наденет асбестовые перчатки, подбежит к печи и начнет тянуть расплавленную стеклянную трубку, направляя ее к конвейерной ленте, подавая стеклянную трубку в ролики. После 2-3 попыток ему это удастся, и конвейер вернется в нормальную работу. Но если Дядя Вася опоздает на 20-30 секунд, трубка расплавленного стекла достигнет бетонного пола, отверстие выдавливания схлопнется, и выдавливание полой трубки прекратится. Затем всю печь надо будет выключить, остудить, разбить на куски и собрать заново! Это занимает как минимум 2-3 недели.

Мы создали систему, надежность которой составляла 99 %, но для того, чтобы эта система была пригодной к использованию и была продуктивной, требовалась надежность 99,99 %. При существующей технологии и условиях работы это было невозможно. Человек-калибровщик и аварийный ремонтник — Дядя Вася был лучше!

Однажды вечером я ужинал вместе с мастером этого завода. После ужина он сказал: "Хочешь увидеть Музей изобретений?" Я согласился, и он повел меня в какой-то темный ангар, открыл дверь и зажег свет. То, что я увидел, лишило меня дара речи — очевидно, существовало несколько систем, созданных для одного и того же применения — для измерения и контроля диаметра стеклянных труб. Некоторые из них были чем-то похожи на нашу систему, некоторые сильно отличались. Он сказал: "Посмотри, вот системы, построенные до тебя другими людьми". Я спросил: "Они работали?" он сказал: "Да, они это делали, но сразу после того, как инженеры уехали, мы разобрали их системы и поместили их сюда".

Я очень расстроился, потому что в тот момент я понял, что после того, как мы уйдем, наша система тоже займет место на этом кладбище. Я спросил: "А зачем вам вся эта суета и все эти разработки, если вы не планировали их использовать?" Его ответ был очень рациональным. Он объяснил мне, что, поскольку он не может уволить Дядю Васю и еще пару низкооплачиваемых рабочих, чья работа заключалась в аварийном обеспечении, а система управления компьютером требовала *добавления* как минимум трех высокооплачиваемых работников для обеспечения ее работы и ремонта, в финансовом отношении это дело не имело смысла. Но при непрерывной инновационной работе все было как раз наоборот: у завода было много денег, отложенных на инновации. Притворяясь, что они внедряют инновации, они получили много финансирования, платили своим инженерам, получали большие премии каждый квартал года, плюс повышение зарплаты и большую известность на среди руководства завода. Другими словами — это была хорошо продуманная схема по выкачиванию денег из министерства, в конце концов — это был не их завод — при коммунистическом режиме не было частной собственности.

Всего за неделю до того, как мы собирались завершить работу и вернуться домой, этот завод посетил менеджер небольшой аналогичной компании из Японии, занимающейся производством люминесцентных ламп. Ему было интересно посмотреть, чем занимается этот российский завод, и он не скрывал подробностей своего опыта работы. Наша фальшивая работающая система с компьютерным управлением была с гордостью представлена, и наши заводские руководители хвастались ею во всю. После встречи я подошел к этому менеджеру — невысокому, худощавому мужчине средних лет в круглых очках — и спросил его на английском (нашем единственном общем языке): "Как вы контролируете диаметр стеклянных трубок, чтобы они могли войти в торцевые крышки?"

Он сказал: "Мы этого не делаем!"

"Но тогда, если есть несоответствие, они могут сломаться, когда вы попытаетесь вставить их в торцевые крышки!", сказал я.

"Нет, — ответил менеджер, — прежде чем вставить стеклянную трубку в торцевые крышки, мы используем калибр подходящего размера, чтобы сформировать концы, пока трубка еще горячая".

Это было низкотехнологичное решение, которое полностью устранило необходимость в высокотехнологичном подходе, который мы использовали. Я не хотел сдаваться, поэтому снова спросил: "А что делать, если в стеклянной шихте появятся мелкие камни, ломающие трубку в роликах?" Он ответил: "Мы жестко контролируем все параметры окружающей среды и используем три комплекта сит для фильтрации шихты. Наша трубка никогда не ломается!"

Я чувствовал себя совершенно опустошенным: я провел три года, делая работу, которая была обречена с самого начала. Больше всего я надеялся, что никогда не забуду этот урок.

* * *

КАРТА
АЗІАТСКОЙ РОССІИ

ЧАПАЕВ

Существует три уровня обучения:

- Первый, когда кто-то изучает материал и понимает его.

- Второй, когда после обучения он может научить этому другого человека.

- Третий, когда он действительно может делать то, о чем он узнал.

Хороший работник не обязательно является хорошим учителем, и наоборот. Но овладение всеми тремя уровнями — лучший способ добиться хорошего прогресса. Вот почему я всегда старался практиковать преподавание и практическую работу как средство улучшения своих способностей к обучению. Поэтому, когда я услышал об открытии в Киеве Малой Академии Наук для старшеклассников, я вызвался в ней участвовать. Для меня это была беспроигрышная ситуация: раз в неделю я преподавал физику в течение пары часов, получая удовольствие и привлекая хороших и любопытных учеников из киевских школ, плюс — это поощрялось моим руководством на работе и давало мне возможность не участвовать в обязательной и тупой "общественной деятельности".

Для меня было непросто найти интересные материалы и задачи для обсуждения и решения на занятиях с моими студентами. У некоторых студентов было довольно сильное самомнение - они считали, что знают все. Также, каждый студент должен был выбрать тему по своему выбору и в течение учебного года написать реферат, объединив обзор литературы, свои наблюдения и мысли. Некоторые студенты на самом деле были очень продвинуты в своих областях, они даже обучали меня. Один из студентов увлекался астрофизикой и подробно объяснял, сколько информации можно узнать об удаленной галактике, просто взглянув на спектры излучения в разных диапазонах. Еще один был большим знатоком химии, особенно взрывчатых веществ! Эта область привлекала множество светлых умов: хранение и быстрое высвобождение огромного количества энергии всегда восхищало лучшие умы в истории человечества. В своей школе этот студент стал известен тем, что запустил ракету в школьном коридоре во время перемены, когда там находились сотни учеников. Слова благодарности со стороны директора школы вы можете представить (милицию, к счастью, он не вызвал).

Я также предлагал своим ученикам интересные олимпиадные задачи и работал с ними над типичными вопросами вступительных экзаменов в институт, чтобы помочь, когда через год или два они будут туда поступать.

Но вершиной этих занятий стала летняя сессия: нам предложили отличный лагерь, расположенный в лесу Черниговской области, состоящий из двух десятков палаток в армейском стиле, с деревянными полами и металлическими кроватями; небольшого здания с кабинетами и библиотекой и большого здания с кухней и столовой, где студенты и персонал ели и находился большой зал для всяких собраний. Между этими двумя зданиями была длинная аллея - любимое место для прогулок и времяпровождения. В этом году я решил взять с собой жену Ларису и нашего 3-летнего сына Костю. Что может быть лучше, чем провести месяц в окружении лесных сосен среди сотни умных студентов, которые в подавляющем большинстве были хорошими детьми.

Когда оказываешься на природе, первое, что хочется – это поесть. Студенты также росли, поэтому всегда были голодны, а наша столовая была занята обеспечением их 3-х разовым питанием. Но вечером им снова хотелось есть... Вот и придумали перекус. На кухне было много черного ржаного хлеба, это была единственная еда, которую предлагали почти без ограничений. Так, студенты обжаривали в масле ломтики соленого хлеба, получая вкусные хрустящие сухарики, которые все жевали, когда были голодны. Руководство не возражало.

Но Косте сыну нужна была *каша*, поэтому я приготовился и к этому. Я взял с собой небольшой туристский *Примус*, выкопал плоскую ямку в земле прямо возле нашей палатки, и Лариса там варила гречку для Кости.

Ну а после того, как все животные накормлены, приступаем к обучению! У каждого студента было по три пары занятий в день, поэтому меня сопровождали еще три научных сотрудника из Академии: математик, химик и биолог. Эта летняя школа была серьезным тренировочным лагерем, учитывая, что все преподаватели были полны энтузиазма, любили свою область науки и были готовы помочь всем нашим ученикам найти свое место в жизни. Если погода была хорошей, мы проводили занятия на природе. Доску выносили во двор, а студенты сидели на земле или на стульях, взятых из столовой; если шел дождь, мы проводили занятия внутри.

Обычно на подготовку полуторачасового урока у меня уходило три часа, поэтому я тоже был очень занят. Ларисе было поручено вести библиотеку, так что наш сын Костя мог свободно исследовать лагерь. Лариса надевала на него связанную ею синюю шерстяную куртку с капюшоном, чтобы было тепло в лесу, и он исчезал. Все отдыхающие дети его любили, охотно с ним играли, и когда приходило время возвращать Костю обратно, нам надо было перерыть множество палаток, чтобы найти его.

Но главное образовательное мероприятие, которое мы

отложили на конец месяца, — это проведение олимпиады по физике, в которой могли принять участие все школьники. Я провел три дня, сидя в отдаленном месте, окруженный десятками принесённых с собой книг, пытаясь придумать хорошие задачи. Моя идея заключалась в том, чтобы придумать задачи по физике в области, известной моим ученикам, но требующей от них применения своих знаний, на основе анализа задач, а не продиктованных жесткими требованиями, характерными для школьных тестов. Я искал просто сформулированные задачи с элегантными решениями, которые были бы достаточно сложны, чтобы бросить им вызов, но все же имели шанс быть решенными некоторыми. В конце концов, я хотел стимулировать и воодушевлять студентов, а не обескураживать и отталкивать их от науки.

В день олимпиады занятий не было, потом мы планировали устроить праздник, а затем специальный ужин в столовой, к которому наша кухня обещала приготовить пирожные и печенье. Было объявлено о пяти задачах, начался трехчасовой отсчет и началась олимпиада. Это не длилось полные три часа, потому что если кто-то и мог решить задачу, то делал это относительно быстро, а если нет, то они сдавались, и сидеть дольше не имело для них никакого смысла.

Итак, один студент правильно решил 4 задачи, трое учеников решили 3 задачи и трое решили 2. Многие студенты решили только одну задачу. Это была победа. У нас было семь студентов с большим потенциалом, будущее подтвердило, что все они стали успешными учёными и инженерами, но не обязательно физиками.

Когда я писал это, я задавался вопросом: *было ли у студентов что-то интересное помимо учебы?* Конечно, было, и нам, учителям, тоже хотелось развлечься — начну отсюда. Так получилось, что один из нас был хорошим игроком в Бридж. Я никогда раньше не играл в эту карточную игру, но после четырех вечеров тренировок правила были выучены, и затем каждый вечер мы играли в нее. Будучи шахматистом, я скептически относился к Бриджу, но очень скоро я понял, что он представляет собой серьёзную интеллектуальную игру, а если добавить еще одно измерение - командная игра (в бридж играют четыре человека — два на два), это становится феноменальным развлечением. К сожалению, после этого лагеря я больше никогда не играл в Бридж.

Студенты также играли в карточную игру - Преферанс. Я тоже знаю эту игру со школы. Это интересно и требует много аналитических навыков. Позже я отказался от игры в Преферанс, потому что просто не мог позволить себе тратить так много времени. Карточные игры в СССР всегда считались "недостойным" развлечением, была какая-то часть населения, которая играла в карты на деньги, и конечно, был целый бизнес жуликов, жульничающих в картах и вымогающих деньги у ничего не подозревающих игроков. Но у наших студентов не было денег, и они играли на воду...

Однажды перед обедом я заметил группу студентов, собравшихся вокруг одного мальчика. С любопытством я подошел поближе и вот что увидел. Там стоял табурет на четырех ножках, на котором стояло ведро с питьевой водой и металлическая чашка объемом примерно 0,35 литра. Этот мальчик стоял перед ним и медленно пил воду, чашка за чашкой, а вся толпа считала выпитые им чашки. Этот мальчик "залетел на мизере" и проиграл с большим счетом, за который поплатился таким невинным и в то же время жестоким наказанием: прием воды происходил незадолго до еды, поэтому у проигравшего не было шансов есть обед в этот день.

В следующий раз кто-то встал очень рано и белой краской написал уравнения Максвелла по всей центральной аллее лагеря. После занятий ко мне подошел наш директор и сказал: "Посмотри, что сделали твои ученики!" Я посмотрел и спросил: "Что Вы хотите, чтобы я сделал?" Я думал, он рассердится, но он спросил: "Правильно ли написаны эти уравнения?" Я проверил и сообщил директору, что уравнения совершенно верны. Инцидент был исчерпан!

Некоторые наши мальчики познакомились с девочками из окрестной деревни, проводили их домой, где их встретила группа местных мальчиков, которым не понравилось, что эти "городские пижоны" пришли сюда и ухаживали за их девочками. В результате драк у наших ребят остались следы, противников я так и не увидел.

Но самое замечательное развлечение они создали сами! Знаете ли вы, кто такой Василий Иванович Чапаев? Был солдатом, позже командиром во время Гражданской кровопролитной войны в России 1917-1923 годов. В 1934 году о нем был снят фильм, и по приказу Сталина фильм о Чапаеве был возведен в статус культового. С тех пор этот фильм занимает первое место в арсенале советской пропаганды.

Естественная реакция в советской культуре - Чапаев стал главным героем тысяч анекдотов, где его персонаж изображался необразованным, фанатически убеждённым, смелым военачальником, которого высмеивали и любили одновременно.

Вот пример шуток:

"Василий Иванович, Белая армия нападает на нас с тыла!"

"Вперёд ребята, Земля круглая, мы ударим по ним сзади!"

Глупо, но всем это нравилось, казалось, здесь был бесконечный запас шуток, и люди, как правило, начинали свою работу с того, что каждый день рассказывали друг другу новые анекдоты.

Примерно в то же время советские власти прекратили преследования композиторов и музыкантов, исполнявших рок-музыку в западном стиле. Советская молодежь тоже хотела рок-музыку. Так было создано несколько «самодельных» рок-опер, имевших большой успех. Чтобы отстранится от западной рок-музыки, авторы назвали эти композиции Зонг оперы, видимо, Зонг вместо Сонг звучало лучше. Итак, я предложил своим студентам, почему бы нам не создать свою собственную Зонг оперу? Они спросили: "О чем?" Во время этой летней сессии я начал работать над кандидатской диссертацией и неудивительно, что я предложил: "О защите Василием Ивановичем кандидатской диссертации".

Прошло столько лет, а я до сих пор смеюсь над этими

словами. Что может быть абсурднее? Но абсурд – краеугольный камень юмора, не так ли?

Среди моих студентов раздался вопль восторга! Моим партнерам идея понравилась, и за два дня ими был написан весь сюжет спектакля, созданы роли, сделаны декорации и костюмы из полотенец, постельного белья и предметов домашнего обихода. Вопрос был только в том, кто такие *зонги*, исполняющие песни в небольших паузах, когда задергиваются шторы и меняются декорации. Ну, я в то время играл на семиструнной гитаре четыре аккорда в тональности До Минор, вот и решил сыграть эту партию. Вместе с другим мальчиком, который умел петь, мы выбрали из моего старого студенческого репертуара, пять песен которые соответствовали сюжету шоу. Мы были готовы. В вечер выступления весь лагерь собрался перед зданием столовой, сидя на взятых оттуда стульях.

Занавески были раздернуты, и на сцене Чапаев пытался открыть бутылку вина. Но штопора у него не было — штопор еще не изобрели! Он вытащил *шашку*, чтобы помочь себе, но это не помогло. И тут ему пришло откровение, он взял *шашку* и начал ее крутить, превращая в штопор! Это было его решение: бутылка вина была открыта, и он решил стать исследователем, чтобы улучшить свое изобретение. И так далее, так далее. В этом спектакле было все, и все это было написано стихами: дерзкое высокомерие невежественных выдвиженцев, единственным преимуществом которых была принадлежность к победившему классу пролетариата, цензура и гнет правительства, лицемерие законодателей и пропагандистов средств массовой информации, хронический алкоголизм, разрушение семей, отсутствие моральных качеств и отчаяние. Актеры, закутанные в белые туники, как в Древнем Риме, обращались к публике, говорили громкими голосами, пророчески и с большой мудростью. В паузах мы пели песни, которые перекликались с только что показанными сценами.

Мои студенты были как губчатая бумага, впитывающая все, что происходило вокруг них. Они выглядели как обычные мальчики и девочки, со своими еще детскими играми и интересами, но при наличии возможности — весь их опыт создавал неизгладимую картину общества, в котором они жили. Это было просто замечательно! Публика заливалась смехом и восторженно аплодировала. Актеры были счастливы — они только что пережили очень важный этап в своей жизни — они буквально выросли за два часа.

Расплата пришла ко мне на следующий день. Директор лагеря вызвал меня к себе в кабинет и спросил:

“Что ты сотворил вчера?”

Я притворился дураком, спрашивая: “Что Вы имеете в виду?”

Он сказал: “Чапаев — наш легендарный герой, а вы над ним издевались!”

Я гнул свою линию: “О чем вы говорите? Речь идет не о Чапаеве-герое, а о персонаже наших любимых анекдотов!”

Поверьте, он не нашел слов, чтобы сказать что-то большее… Директор был хорошим человеком и не хотел портить мне жизнь. Лишь позже, вспоминая об этом вечере, я понял, что, если бы он или какой-либо другой информатор из его штата сообщил об этом шоу в КГБ, я мог бы потерять всякий шанс получить свою кандидатскую степень, в отличие от персонажа нашего Чапаева, который ее получил только в силу своего пролетарского социального происхождения. Но в то же время последствия для директора могли быть гораздо хуже…

Спустя много лет после того лагеря я получил по почте красиво распечатанный текст спектакля, который мы ставили в лагере. Письмо содержало слова благодарности и было подписано всеми участниками/актёрами. Этот сувенир они сохранили на память — память о нашем совместном достижении.

Но где же настоящая изюминка рассказа? Так вот, во времена *перестройки*, когда было напечатано много ранее секретных материалов, один писатель-призрак из Ленинграда (ныне Санкт-Петербург) опубликовал свои мемуары, утверждая, что на протяжении 20 лет его единственной работой были приезды раз в неделю в штаб-квартиру КГБ, где он клал на стол *одну смешную шутку*. Содержание было в основном политическим или сексуальным. КГБ использовал анекдоты *для двух целей*: снять политическую напряженность и недовольство населения и изучить динамику распространения слухов в стране, чтобы использовать этот метод при необходимости. А персонажами шуток часто были Чапаев, агент Штирлиц, президент Брежнев, Армянское радио, коренной Чукча и даже озорной мальчик Вовочка — всё это персонажи известных анекдотов, столь популярных в СССР в то время. Можно подсчитать, что за эти годы этот писатель создал более тысячи анекдотов, которые за неимением имени их автора назывались "Народным юмором".

Знаменитый французский серый кардинал Ришелье из романа Григория Горина пророчески сказал о безымянном авторе, чьи диссидентские уличные песни стали народными: "Нет такого *народа*, которого нельзя посадить в Бастилию!" Похоже, наша история доказывает, что в данном случае он был бы неправ.

ЖАРКОЕ ЛЕТО

Моя жена Лариса всегда любила мелких животных. Когда она была подростком, она приносила домой бездомных кошек и собак. Конечно, они находились там недолго; в двухкомнатной квартире, в которой проживали четыре человека, не было места для домашних животных. Тем не менее, среди сверстников во дворе она получила прозвище «Собачья мама». Любовь к животным и детям часто сочетается. Так что не случайно после школы Лариса захотела поступить в пединститут, чтобы стать учителем. Единственная проблема заключалась в том, что в Киеве, древней столице Киевской Руси, существовала такая же древняя традиция антисемитизма и ее шансы поступить в институт были близки к нулю... Итак, чтобы стать учительницей, ей пришлось проехать долгий путь в Даугавпилс, Латвия, где славян считали оккупантами, а антисемитизм к евреям был гораздо менее распространен.

После того, как мы познакомились и поженились в Киеве, она решила перейти с дневного курса на заочный, чтобы иметь возможность жить с семьёй в Киеве, выезжая в институт только два раза в год на весеннюю и зимнюю экзаменационные сессии.

24 апреля 1986 года я снял теплоизоляцию, которую мы традиционно наклеивали на окна зимой. Я открыл окна и вдохнул свежий воздух — на улице была отличная весна! Лариса уехала на экзаменационную сессию в институт, а я остался один с двумя нашими детьми: Костей, которому было девять лет, и Сашей, которому было два года. Лариса звонила нам два раза в день, чтобы проверить, спали ли дети, поели и все ли в порядке. У нас было все хорошо, но поскольку мы с Ларисой привыкли всегда быть вместе, мы оба чувствовали себя одинокими и считали дни до того момента, когда она сможет сдать последний экзамен и вернуться домой. Моя тетя Роза помогала мне присматривать за детьми, когда я уходил на работу.

26 апреля мир вокруг нас изменился навсегда, когда на советской атомной электростанции в Припяти, недалеко от Чернобыля, произошла авария, вызванная серьезными недостатками конструкции, человеческими ошибками и ужасающей халатностью коммунистических диктаторов. Ужасный взрыв загрязнил Белоруссию, половину Украины, все земли вокруг нее и половину полушария впоследствии. Эта авария повлияла на жизни миллионов людей и изменила отношение мира к развитию атомной энергетики. Но первые пару дней полный масштаб происходящего был неизвестен даже тем, кто принимал непосредственное участие. Местные чернобыльские боссы сбежали, а правительство, как в Киеве, так и в Москве, было в шоке и молчало, следуя своей типичной традиции секретности.

Через два дня мой знакомая, работавший в институте Физики, расположенном через дорогу от моей работы, срочно попросила о встрече и с глазами, полными глубокого ужаса, сказала: "Все радиационные датчики на входах нашего здания зазвенели!". Руководство приказало нам их выключить». Мы были достаточно образованы, чтобы понимать, что происходит... Единственное, чего мы не знали, откуда это взялось?

Придя домой, я включил все источники новостей — телевизор, местное радио — там ничего не было, из всех динамиков, как обычно, доносилась только веселая музыка. Я переключился на коротковолновое радио — сильные помехи охватывали все диапазоны, делая прием невозможным. К счастью, одним из моих хобби было создание коротковолновых радиоприемников с направленными антеннами. Я продолжал слушать и около двух часов ночи сквозь глушение услышал передачу Русской службы Би-Би-Си "Авария на Чернобыльской АЭС, радиационная катастрофа". Мир получил первую тревогу из Швеции, когда радиоактивное облако из Чернобыля достигло их. Сначала они подумали, что это у них реактор дал течь. Но очень скоро они обнаружили, что радиационное облако исходило с Украины.

Моя семья была в относительной безопасности, поскольку Киев находился примерно в 100 километрах к *югу* от Чернобыля и первый удар радиоактивной пыли пришелся на северные города и села Украины, Белоруссии, а затем и на Европу. Но через два дня направление ветра изменилось на противоположное и радиоактивное облако двинулось в сторону Киева.

Но на улицах Чернобыля и Припяти дети, как обычно, играли, матери гуляли с младенцами и с любопытством наблюдали за дымом, идущим из здания 3-го и 4-го реакторов станции, а смертельная радиация распространялась с ветром, пылью и дождём повсюду. Никаких объявлений местному населению не было сделано! Массовая эвакуация началась через девять дней после аварии — тысячи людей получили смертельную дозу радиации, сотни тысяч получили достаточно, чтобы заболеть хроническими заболеваниями, что в конечном итоге обрывало их жизни из-за всевозможных проблем со здоровьем, вызванных внутренним и внешним облучением.

Чернобыльская катастрофа была единственным в своем роде событием, в котором приняли участие тысячи смелых и, в большинстве случаев, невежественных спасателей, пожертвовавших своей жизнью:

• Пожарные, которые первыми отреагировали на месте происшествия — без необходимого оборудования, без адекватной защиты и, что самое важное, — без каких-либо знаний о том, с чем они имеют дело.

• Новобранцы армии, называемые в народе «биороботами», были призваны по приказу очистить крышу реактора от светящихся кусков углерода — обломков взорванной оболочки реактора, где всего за 5 минут получали неизлечимую дозу радиации около 500 Рентген, после чего были комиссованы по состоянию здоровья.

• Патрульные, стоящие на блокпостах, ежедневно по 8 часов вдыхали радиоактивную пыль с бесполезными масками на лицах и за месяц заболевали всё сильнее.

• Врачи, лечащие пострадавших от ожогов и травм, снимали с них одежду, складывали ее в подвал больницы, где позже выяснилось, что этот подвал должен стать местом захоронения из-за высокого уровня радиации.

Обо всем этом я узнал из многочисленных протоколов и показаний свидетелей, представленных в ходе следствия и опубликованных позднее — меня там не было.

Моя история о том, как моя семья жила своей жизнью, как и большинство других людей, число которых исчисляется миллионами. Я понимал, что должен найти способ измерить уровень радиации: не хотел напрасно паниковать, но и не хотел подвергать свою семью неизвестной опасности. Я вспомнил, как семнадцатью годами ранее в средней школе мой учитель физики Вениамин Давидович Кавнатский показал нам модель счетчика Гейгера и объяснил основы ядерной радиоактивности.

На следующий день я пошел в свою старую школу. Мой учитель физики все еще был там, и он подарил мне это еще работающее устройство. Когда я подключил его дома, счётчик показал уровень радиации в 100 раз превышающий «естественный» уровень радиоактивности. Я не знал, что это счетчик уже находился в состоянии "насыщения", он просто не мог показать более высокий уровень радиации, каким бы высоким они ни был.

На следующий день - 1 Мая, знаменитый коммунистический праздник, все советские граждане должны были выйти на «демонстрацию» и провести 3-4 часа, маршируя широкими колоннами с флагами и транспарантами, в то время как кучка партийных боссов и городские чиновники стояли на открытых трибунах, махали руками под громкий рев мега динамиков: "Да здравствует коммунистическая партия!"

На мне был костюм, который я обычно надевал лишь в редких случаях. Забегая вперед, к тому времени, когда мне удалось измерить радиацию: после этой демонстрации костюм стал настолько радиоактивным, что носить его было опасно. Я отнес его в химчистку, а потом постирал в стиральной машине. Радиация все еще была высокой, поэтому мне пришлось его выбросить. Но миллион киевлян в тот день носил одежду, не выбрасывал ее и дышал *этим* воздухом, загрязненным радиоактивной пылью! И многие из них были со своими детьми. Ветер в этот день был ужасно сильным.

Для тех, кто не знает о радиации, вот мой ликбез:

Атомная электростанция производит, среди прочих, следующие радиоактивные изотопы (в скобках — время полураспада Td): йод (Td~3 дня), калий (Td~30 дней), стронций (Td~30 лет). Радиоактивные изотопы с коротким Td производят более высокие уровни радиации, но они сохраняются недолго. К сожалению, нашему организму необходим йод, и он усваивается естественным путем, накапливаясь в щитовидной железе, вызывая необратимый вред здоровью и рак. Маленькие дети особенно уязвимы. В ближайшие годы медицинские клиники по всему миру будут иметь дело с сотнями пострадавших от радиации детей из Чернобыля.

Калий – природный элемент, участвующий в нашем обмене веществ. Попадая в организм через пищу и воду, радиоактивный изотоп калия разрушает наши эритроциты, производя свободные радикалы, вызывая анемию или белокровие. Положительным моментом является то, что выведению калия из организма можно облегчить при употреблении большого количества жидкости и особенно при употреблении красного вина.

Было известно, что во время бомбардировки Хиросимы некоторые пьяные японские моряки спали на своих лодках. Их выживание было связано с высоким содержанием алкоголя в крови. После чернобыльской катастрофы все магазины Киева были до крыши заполнены красным вином. И, как известно, украинцев и русских не нужно дважды просить выпить...

Наконец, радиоактивный изотоп стронций попадает в наши тела под видом кальция. Он накапливается в костях и выполняет свою разрушительную работу в течение десятилетий. Из-за своей длительной Td он загрязняет почву и все пищевые ингредиенты и может загрязнять их на десятилетия. А уровни его излучения сравнительно невелики, поэтому без специальных приборов он может остаться незамеченным.

К 1 Мая все партийные руководители Киева, все органы власти знали об опасности радиационной аварии, и накануне вечером бесконечные кортежи их машин отвозили их детей и семьи в аэропорт и на вокзалы — для эвакуации в безопасные места, при этом они все равно заставили население Киева выйти на демонстрацию — облучиться...

Мне пришлось решать, что делать. Было очевидно, что мне нужно отвезти наших детей в какое-нибудь безопасное место, подальше от загрязненной территории. Но где это *безопасное место*? Тогда я мог только догадываться. Я впервые в жизни почувствовал, что все будущее моей семьи в моих руках, и это зависит от решения, которое я сейчас приму. Я просидел за столом всю ночь, думая, что делать, и когда взошло солнце, у меня появился план. Это было довольно болезненно и разрушительно, но я знал, что это будет лучшее в долгосрочной перспективе.

Утром я позвонил Ларисе, сказал ей, что со мной и детьми все в порядке; и попросил ее немедленно приехать домой! Она сразу испугалась, но я не мог ей сказать, что произошло — все телефонные линии прослушивались, и что она будет делать с этой информацией? Во-вторых, я оповестил всех родственников и друзей, которые еще мало что знали о происшествии: "Плотно закройте окна квартиры и делайте влажную уборку каждый день. Не выпускайте детей". Это была очень полезная информация, которую я получил от радио Би-Би-Си, несмотря на глушение.

На следующий день я встретил Ларису на вокзале, привез ее домой, и мы вместе поужинали с моей тетей Розой. Сразу после ужина с Розой я снова пошёл на вокзал покупать билеты для себя, Ларисы и Саши — к двоюродным братьям в Харьков (Украина), для Розы и Кости — к тёте Нюсе в Баку (Азербайджан). Но когда мы пришли на центральный вокзал, там уже были тысячи людей, пытавшихся купить билеты. Плохие новости распространяются быстро.

К счастью (какая циничная ирония...), моя тетя Роза была юридически слепа, и у нее был доступ к билетной кассе для инвалидов. В очереди было всего около 30 человек, поэтому поздно вечером мы получили билеты и пошли домой паковать чемоданы. Таким образом, Роза и Костя провели все лето вдали от радиации, уровень которой в Киеве был от 100 до 1000 раз выше нормы. Что касается Ларисы и Саши, то с помощью наших родственников в Харькове я снял им квартиру. После этого я оставил их там и вернулся в Киев, чтобы продолжать работать. Никто еще ничего не объявлял! Все шло как ни в чем не бывало.

Я не помню, как советские власти объявили об этой крупнейшей атомной катастрофе в истории человечества. Это было поэтапно: от первых небольших заметок в газетах о том, что «произошло что-то плохое, но мы все контролируем», до все более драматичного финала. Но в Киеве, даже не имея никакой официальной информации, все знали, что экология опасна и здоровье их семей теперь в их собственных руках.

Кроме того, все говорили, что ситуация может стать еще хуже. И что это может произойти в течение следующей недели. Это была абсолютная истина, и дальнейшие события доказали это: конструкция Чернобыльского реактора была так называемого типа «бридер», который был более экономичен в производстве энергии, а также в качестве побочного продукта производил плутоний для атомной военной промышленности - для атомной бомбы. В результате такой конструкции в случае аварии он имел меньшую защиту. Но советские ученые пошли еще дальше: они использовали огромную радиацию, производимую активной зоной реактора, для облучения воды, находящейся под ним в специальном бассейне, для производства дейтериевой/тритиевой воды для водородной бомбы. Когда произошло разрушение активной зоны, расплавленное ядро потекло вниз через пол. Если бы ядро реактора проплавило последние метры бетона до бассейна с водой, случился бы второй взрыв...

Это был героический труд, привезенных из города Донецка шахтеров, которые работали день и ночь, чтобы прорыть 150-метровый горизонтальный туннель, чтобы отвести этот бассейн радиоактивной воды от расплавленного реактора. И завершили его, к большому облегчению всех нас, при этом от властей не было ни капли информации.

Мы планировали, что где-то в сентябре, когда спадет радиация всех быстрых изотопов, все мои члены семьи смогут вернуться в Киев, и я постарался подготовиться. Главными проблемами были еда и вода. Я думал, что мы сможем очистить воду фильтрами (сейчас у меня большие сомнения, что мы достигли этой цели...), но продукты в основном поступали от украинских производителей и рано или поздно они поступят из ферм, затронутых радиоактивные осадками, и будут загрязнены. Я решил сделать прибор для проверки уровня радиации вокруг нас и в пище.

Я пошел в крупнейшую научную библиотеку в Киеве и начал просматривать всю доступную литературу, изучая вопросы обнаружения радиации и ее воздействия на здоровье. К моему глубокому разочарованию, информации почти не было (после 50 лет советских ядерных испытаний и исследований?!). Судя по всему, она была засекречена, как и все, что могло раскрыть истинную сущность советской власти. Но я получил несколько важных сведений. Я понял, как устроены счетчики Гейгера, и получил некоторое представление о уязвимости разных продуктов. Это была ценная информация, которая помогла мне в дальнейшем избежать некоторых грубых ошибок.

Мои дети, как и все дети их поколения, выросли на молоке. Но молоко, произведенное коровами с радиоактивно загрязненных ферм, тоже было радиоактивным. Можно ли давать детям молоко? Костя с детского сада ненавидел молоко, но Саша по-прежнему существенно от него зависел. Для того чтобы измерить уровень радиоактивности в молоке, мне пришлось взять литр молока, кипятить его в кастрюле несколько часов, пока вся вода не выпарилась, а молоко не превратилось в угольную корку. Можете себе представить, как обрадовалась Лариса, когда вся квартира пропахла этим жженым смрадом... Я растер этот уголь, наполнил специальную чашку и поместил в свою испытательную камеру. Время от времени молоко было в 10 000 раз более радиоактивным, чем допустимо по нормам радиационной безопасности! Вскоре мне удалось купить сухое молоко шведского производства. Я обрадовался, но преждевременно — Саша отказался его пить, так как оно имело специфический запах и не имело вкуса настоящего молока.

Другая история была — хлеб. Хлеб традиционно был основной пищей на столе. И надо отдать должное — в Европе и СССР хлеб был отменный, особенно темный ржаной. Но я узнал, что рожь поглощает в три раза больше радиации, чем пшеница. В сентябре у нас еще был хлеб прошлогоднего урожая — он был чистый. Я продолжал тестировать его раз в неделю, и где-то в ноябре мои показатели резко возросли. Ух! Мне удалось зафиксировать момент, когда поставки муки переключились на урожай этого года, загрязненный радиацией. Мы не могли купить чистый хлеб, поэтому лучшее, что мы сделали, это перешли на пшеничный хлеб, по крайней мере, он был менее опасен.

Помните знаменитую сказку Андерсена «Снежная королева»? Злая ведьма разбила свое стеклянное зеркало, и оно разбилось на тысячи крошечных осколков, которые разлетелись ветром по всему миру. Если они попадали кому-нибудь в глаз или в сердце... случалось плохое. Чернобыльский взрыв создал миллиарды крошечных кусочков высокорадиоактивного углерода, которые были унесены в облака, разнесены ветром и выпали в виде дождя. Эти крохотные кусочки были настолько радиоактивны, что даже один из них мог испортить здоровье человека при проглатывании или даже при длительном прикосновении к телу в одном месте. Их размер составлял сотую долю миллиметра, практически невидимые. Но детектор радиации прекрасно их регистрировал и позволил мне избавиться от них, очистив или выбросив зараженные предметы.

Вы можете задаться вопросом: ну, наверное, это была чрезмерная реакция, в конце концов ничего не произошло, верно?

Я буду говорить только о своих близких родственниках. У моего двоюродной сестры, жившей недалеко от нас в Киеве, было две дочери, примерно того же возраста, что и наши сыновья. Летом 1986 года она была беременна третьей дочерью. Я знал об этом, поэтому пошел к ним в квартиру, «обнюхал» все постельные принадлежности, одежду, кровати и диваны с помощью счетчика Гейгера (кое-что, конечно, нашел и почистил), чтобы убедиться, что в их квартире чисто. Затем я посоветовал ей держать окна закрытыми и следить за детьми, когда они играют на улице — все осенние листья были очень радиоактивны. Еще лучше — ограничьте время, проведенное на улице. Она ответила: "Почему? Я сплю у нас на балконе, там воздух намного лучше! Я прочитала в местной газете, что бояться нечего!" Я сказал: «Не делай этого! Это очень опасно для твоего будущего ребенка!"

Мне хотелось бы в этой ситуации ошибиться сто раз... Моя двоюродная сестра родила третью дочь — с парализованными ногами. Девушка выросла, живет в инвалидной коляске, смогла иммигрировать с семьей в Израиль, получила образование, служила в Армии обороны Израиля, вышла замуж и ведет максимально нормальную жизнь. Но я могу только задаться вопросом: было ли иначе, если бы моя кузина прислушалась к моему совету?

У моей жены Ларисы развилось тяжелое аутоиммунное заболевание, которое было настолько редким, что, когда руководитель гематологического отделения ведущей онкологический больницы Boston увидел ее впервые, он собрал весь свой персонал, чтобы показать им пациента, о котором он читал в книгах, но никогда не видел за свою 50-летнюю медицинскую карьеру. Было ли это совпадением? Может быть...

Кстати, знаете, что меня больше всего угнетало тем жарким киевским летом 1986 года?

Не факт, что моя жена и дети отсутствовали — по крайней мере, они были в более безопасном месте.

Не то, что местные власти утверждали, что "Радиационная обстановка сейчас даже лучше, чем до аварии! Почему? Потому, что мы регулярно моем улицы".

Нет, самым удручающим было гробовая тишина на улицах и в городских парках. Птиц не было вообще! Этим летом полностью исчезли все птицы. Некоторые из них, вероятно, умерли от радиации, но остальные покинули город и отправились в лучшие места.

Спустя много лет мой двоюродный брат, профессиональный геолог, стал соавтором книги о загрязнении территории Украины в результате чернобыльской аварии. В этой книге была карта с их анализами. Большая часть Киевской области и все территории вокруг Чернобыля были заражены радиоактивным *плутонием*, производящим альфа-частицы, наносящие ущерб при прямом контакте. Это объяснило исчезновение птиц, а также симптомы зуда в глазах и металлического привкуса во рту, которые испытывали люди.

В сентябре вернулась моя семья — Лариса, дети и тетя Роза.

И, кстати, через неделю, к нашему большому удивлению, птицы тоже вернулись в Киев!

* * *

FREEDO
I AM NOT A SLAVE!
FREE EMIGRATION
FREEDOM OF MOVEMENT
FREE EMIGRATION IS A HUMAN RIGHT!

БЕДНЫЕ РОДСТВЕННИКИ

Это был конец сентября 1988 года, когда мой друг Алекс появился в дверях нашей квартиры и взволнованно объявил: "Они открыли границу!" Новая инициатива Горбачева — создать социализм с человеческим лицом — сработала. Для нас это означало следующее: после бойкота московских Олимпийских игр в 1980 году советское правительство сняло маску и прекратило всю еврейскую эмиграцию из СССР. К этому времени многим заявителям уже было отказано в визах по соображениям госбезопасности, правда это или нет. Таких людей на Западе называли «рефьюзниками» — умная смесь двух слов: *отказник* (по английски и по-русски"). Эти несчастные отказники оказались втянутыми в восемь лет жалкого существования – потеря работы, неизгладимый след гражданина второго сорта, иллюзорная надежда когда-либо выбраться из этой крупнейшей человеческой тюрьмы в мире. Теперь ворота *для них* и *для всех других* советских евреев снова распахнулись.

Мы все знали, что уход из этой страны диаспоры неизбежен, вопрос был только в том — когда? Я думал об этом в 1975–1978 годах, во время второго по величине пика еврейского исхода, но тогда я был не готов. Я только что окончил институт и очень хотел начать работать ученым, и подача заявления на выездную визу положила бы конец моим карьерным надеждам. Еще одной причиной было то, что мой отец работал в войсковой части - "военном ящике", у него был высокий уровень допуска, и даже думать, что я смогу эмигрировать, не ставя под угрозу его положение, было смешно.

Но теперь, в 1988 году, после многих лет стараний в стране все было иначе: я уже 14 лет работал в области физики и электротехники, имел кандидатскую степень по физике с 1984 года, был женат. У нас с Ларисой было два мальчика. Ситуация теперь была совсем иной. Империя зла СССР рушилась. Это было видно повсюду – власть режима над населением становилась все слабее и слабее, появлялся частный бизнес и компании, страна пыталась перейти к рыночной экономике – коммунистическая модель управления государством с треском провалилась и оставила всех бедными и зависимыми только от своих собственных сил.

Мы связались с еврейскими организациями в Израиле, и они прислали нам «приглашение» — специальный официальный документ, приглашающий нас иммигрировать в Израиль, чтобы воссоединиться с нашими близкими родственниками. Близких родственников у нас там, конечно, не было, и советские чиновники это прекрасно знали, но приняли как факт. Для них было важно, чтобы такие документы могли получить только евреи, а другие национальности (этносы) — нет, ибо в отношении Алии (возвращения на историческую родину) Израиль заботился только о своем народе.

После нескольких месяцев ожидания мы получили необходимые бумаги, и я поехал в ОВИР (отдел виз и регистраций). Перед этой поездкой я получил от знающих людей документ, имеющий примерно 100 строк, в котором были указаны все бюрократические документы, необходимые для успешной эмиграции. Были бесконечные требования документов с места работы, учебы, социальных учреждений, коммунальных предприятий, местных библиотек, медицинских учреждений и т. д. и т. п. Итак, когда я пришел в ОВИР, они все у меня были.

Сидевший там офицер лениво просмотрел мою стопку бумаг и сказал:

"Один документ отсутствует".

"Какой?", я спросил.

"Разрешение на выезд, подписанное твоим отцом", — сказал он и улыбнулся, как человек, который поставил ловушку и теперь наблюдает, как в нее попадает его жертва.

Советские власти пытались любыми способами остановить еврейскую эмиграцию. Так, помимо отказников, они изобрели еще один гениальный метод, вошедший в историю под названием «Бедные родственники». Когда евреи пытались бежать из СССР под предлогом воссоединения со своими реальными (или фиктивными) родственниками в Израиле, они иногда оставляли своих родителей, потому что эти родители либо не могли, либо не хотели эмигрировать. Было много семей, где родители были старыми, очень часто со слабым здоровьем, жили на пенсию и не хотели переезжать в другую страну, где все было по-другому, в том числе и язык, который у них не было возможности когда-либо выучить. Особенно острой проблемой была ситуация, когда родители развелись, а оставшийся родитель не был евреем. Такая ситуация слишком часто создавала возможность для шантажа — вымогать какие-то деньги в обмен на документ, в котором утверждалось, что оставшийся родитель не имеет финансовых претензий к сыну или дочери.

К счастью, многие оставшиеся родители были рады подписать все необходимые бумаги, чтобы помочь эмигрировавшим членам семьи — по крайней мере, они были бы свободны! Но власти специально связывались с оставшимися членами семьи и говорили им: «Ваш сын или дочь хотят уехать, но вы остаетесь здесь, поэтому подумайте дважды, хотите ли вы подписать документ об их освобождении от материальной ответственности — с вами может случиться многое: у вас есть хорошая хорошая работа или хорошая пенсия?» Метод "бедные родственники" был разработан советскими властями для того, чтобы прервать процесс эмиграции и разрушить семью — власти знали, что если евреям будет разрешено свободно эмигрировать, они позже попытаются воссоединиться со своими родителями за границей, а это было нежелательно.

Широкой публике эти документы об освобождении были представлены в качестве меры безопасности, чтобы гарантировать, что оставшиеся родители не потеряют финансовую поддержку от эмигрирующих детей, но это можно было проверить, взглянув на их доходы. Во многих случаях дети-эмигранты были бедны и не имели никаких средств, чтобы кого-либо поддержать.

Итак, я распечатал необходимый документ и пошёл к папе. Когда я сказал, что планирую эмигрировать, он сначала очень расстроился, а потом разозлился: "Как ты можешь со мной так поступать?! Ты предатель!"

Мои слова о том, что я делаю это не только для себя, но и для наших детей, его внуков — чтобы дать им лучшее будущее, не нашли никакого сочувствия, поэтому мне пришлось уйти с тяжелым сердцем. Я не знал, насколько он был напуган — накануне ему позвонил сотрудник КГБ и сообщил, что он не должен подписывать мне разрешение на выезд. Мой отец пережил чистку 1937 года, когда очень часто после такого разговора к людям по ночам приезжал черный фургон, арестовывал их и больше их никто не видел.

Я жил в другое время и имел совсем другое мироощущение, но мой отец не мог измениться — мы такие, какие мы есть, когда вырастаем, и потом мы не сильно меняемся. Итак, я понял, что бороться с отцом было бы неправильно и непродуктивно. В конце концов, он не был моим врагом; моим врагом была коммунистическая система, и мне следует бороться с ней, если я когда-нибудь захочу выйти за ее пределы.

Мы осмотрелись и вскоре познакомились с тремя другими семьями бедных родственников. От них мы узнали про другой сценарий "бедных родственников": когда один из супругов в разводе хочет эмигрировать, а другой (чаще всего - не еврей) остаётся и не дает "разрешение" на выезд. Мы начали с ними встречаться, обсуждать, как можно разорвать этот порочный круг и получить выездные визы. Мы решили присоединиться к демонстрации отказников и бедных родственников в Москве, прямо в центре, у ступеней библиотеки Ленина. Мы съездили в Москву, переночевали на квартире известного друга -отказника, который учил нас, что делать и как быть готовым к худшему исходу. Он рассказал нам, что все демонстрации, предшествовавшие этой, были жестоко подавлены властями. Сотрудники КГБ в штатском, выдавая себя за случайную толпу, избивали демонстрантов, затем местная милиция арестовывала их и помещала в «обезьянью клетку» - переполненную тюремную клетку для уличных преступников и наркоманов.

Утром хозяин квартиры накормил нас сытным завтраком, сказав: "Кто знает, когда вы будете есть в следующий раз!", посоветовал одеться потеплее и отпустил. В 10 часов утра мы стояли на ступеньках библиотеки с самодельными плакатами. Мой гласил **"Свободная эмиграция, я не раб!"**, один рядом со мной был: **"Свобода передвижения -это право человека!"**, и так далее. К нашему удивлению и облегчению, никакой провокации со стороны КГБ не произошло, я заметил их присутствие только по дороге на вокзал, когда меня остановил милиционер и потребовал удостоверение. Видимо, за нами следили сотрудники КГБ и хотели знать наши имена. Мы все благополучно вернулись домой, но, по той же причине, демонстрация в Москве не продвинула нас вперед, очевидно, в это время киевский КГБ не заботился о том, что происходило в Москве. Мы поняли, что нам нужно перенести нашу борьбу ближе к порогу власти Киева.

Итак, мы начали планировать вторую демонстрацию прямо в центре города, у ступеней горсовета. Конечно, сначала мы попытались это легализовать, подав заявку на разрешение. Разрешение мы получили, но в нем говорилось, что местом проведения демонстрации будет отдаленная площадь, возле Центрального стадиона, — место, часто посещаемое собачниками и случайными бегунами, а не место, где кипит городская жизнь. Понимая, что в Киеве мы можем получить сценарий, противоположный московскому, мы решили перехитрить могущественный КГБ. Если вы думаете, что это невозможно, читайте дальше.

КГБ прослушивал все телефонные разговоры и знал о наших приготовлениях. Они были самоуверенны и ленивы, как любая правительственная организация. Итак, мы обсудили по телефону со всеми участниками демонстрации, где будет место сбора, и договорились о времени — ровно в 12:00 — встретиться в подземном переходе центральной улицы Крещатик, прямо перед зданием горсовета. Наши враги, надо полагать, были в восторге — не было лучшего места, чтоб заблокировать нас с обоих концов и захватить всех сразу, тихо и незаметно с улицы. На самом деле, мы договорились приходить на место демонстрации по одному и на 5 минут раньше. Это сработало! Мы все уже стояли с плакатами на ступенях горсовета, между нами толпилась большая часть работников горсовета, которые использовали обеденное время для покупок продуктов и товаров, а из подземного перехода бешено бежали сотрудники КГБ, злые, что их обманули. Некоторые из наших друзей стояли напротив и снимали это событие, плечом к плечу с сотрудниками КГБ, делавшими то же самое.

Результаты нашей акции стали известны практически на следующий день. Меня пригласили на заседание ОВИРа! Я не знал, чего они хотят и что будут делать, и было бы глупо говорить, что я не волновался – я волновался! Итак, я решил подготовиться к встрече и показать противникам, что готов идти до конца, каким бы он ни был.

На следующее утро я отправился в ОВИР, в указанное помещение. Внутри меня встретил сотрудник ОВИРа в военной форме в сопровождении двух других чиновников. В самом углу сидели двое мужчин в штатском с похожими лицами, судя по всему, принадлежавшие к "инструкторам" КГБ. Я вытащил из кармана магнитофон SONY Walkman, нажал красную кнопку и положил его на стол перед собой. Вы бы видели их лица! Они привыкли видеть испуганных граждан, робко входящих в это место, но вот приходит этот, проявляет неуважение и демонстрирует дерзкое хамство, записывая встречу на пленку!

Не подумайте, что я камикадзе или абсолютно бесстрашный человек без тормозов, вовсе нет!

Я просто знал, что времена изменились, но люди передо мной все еще жили прошлым, когда у них была неограниченная власть и безнаказанность. Теперь поступали новые приказы с самого верха правительства, но они все еще не знали, как поступать с такими людьми, как я и мои друзья. Я сказал: "Если вы не возражаете, я запишу нашу встречу. В конце концов, у нас нет тайн от народа, не так ли?" Они, конечно, поспорили, и минут через пять мне пришлось остановить запись. Но я добился своего, инициатива была на моей стороне, неожиданность сработала!

«Так что же вы хотите?» — спросил сотрудник ОВИРа. Мой ответ был очень простым. Я сказал, что хочу выездную визу для себя и своей семьи. Если для этого нужна подпись моего отца, я хочу, чтобы *они* убедили моего отца подписать. Чиновник сказал: «Хорошо, мы сделаем это, а вы и ваши друзья прекратите устраивать демонстрации?»

Можете ли вы представить себе такие разговоры хотя бы полгода назад? Они бы меня просто избили и бросили в тюрьму, как уже сделали с сотнями отказников и диссидентов. Теперь же мы можем вести вежливый разговор! Я сказал: "Если у нас будет соглашение, я не буду участвовать ни в каких демонстрациях, но у моих друзей те же проблемы, и я не могу помешать им бороться за свои права".

На следующий день я снова пришел за магнитофоном со стертым разговором. Офицер сказал мне: «Качество записи было очень хорошим!» Меня на тот момент это уже не волновало.

Через два дня мне позвонил папа и сказал: "Я подписал и нотариально заверил твою бумагу, пожалуйста, приходи и забери ее". Это означало, что теперь у ОВИРа нет юридических оснований отказывать нам в выездной визе. Я был готов продолжать. Но три семьи моих друзей оказались заложниками. Поэтому мы решили организовать еще одну демонстрацию, на этот раз перед правительственным дворцом, недалеко от здания Совета Министров.

В день демонстрации я взял Ларису и детей, и мы пошли к этому месту, прогуливаясь по красивому городскому парку. Наш путь пересек улыбающийся офицер КГБ (стандартная улыбка КГБ, видимо, преподается в их школах), который шел за нами: "Вы собираетесь участвовать в демонстрации?" — спросил он сладким голосом. Я ответил: "Не дай бог! Мы просто гуляем в парке, дышим свежим воздухом". Затем мы с ним на хвосте прошли через весь парк к тому месту, где стояли мои друзья с плакатами, заявляя о своих правах человека и свободе передвижения. На этот раз они победили! Властям это надоело, и они сдались. Это было очевидное решение на самом верху — позволить всем евреям эмигрировать — из-за международного давления, в основном со стороны США. Горбачев хотел, чтобы его страна выглядела хорошо, и конфликты с горсткой евреев были не в его интересах.

Наконец, был день, когда мне сказали прийти с другом в ОВИР за визами. Когда мы пришли в назначенное время, я увидел большую комнату, наполненную примерно сотней таких же людей, как мы, ожидающих приглашения получить визы. Внезапно маленькая дверь в самом конце комнаты открылась, и оттуда вышел какой-то чиновник, громко выкрикивая имена - моё и моего друга. Вся толпа людей на секунду замолчала, а затем разделилась пополам, освободив нам центральную диагональ. Это был великий момент в моей жизни! Я гордо шел к двери, не как советский еврей, а как Моисей, идущий через Красное море, как *менч*! В комнате нам выдали выездные визы в Израиль, что означало, что мы больше не бедные родственники.

Возможно, вам будет интересно узнать, что случилось с моим отцом? Он остался там или умер? Наоборот! Он был женат, и семья его жены Мани собиралась эмигрировать, как и мы. Мой отец не хотел оставаться в полном одиночестве, поэтому сделал для себя выбор — уехать с ними.

Но его больший страх заключался в том, как объявить об этом шаге на своей работе…. Он пошел к их начальнику первого отдела КГБ, и объявил о своем решении. Начальник, полу-отставной офицер высокого ранга, не удивился. Он сказал: «Почему тебе потребовалось так много времени, чтобы решиться на это?» Отец испытал огромное облегчение, но настоящий шок случился с ним, когда начальник вытащил и передал ему конверт.

"Что это такое?" — спросил мой отец. "Это комплект копий моих свидетельств о рождении и браке, паспорт и заявления на выездную визу. Я тоже хочу эмигрировать", - ответил начальник.

«Но у Вас там наверняка нет родственников», — ответил мой отец. "К черту родственников, - злобно сказал в ответ начальник - я должен во что бы то ни стало свалить из этой убогой страны!"

Мой отец смог эмигрировать и присоединиться к нам в США через два года. И вопреки распространенной практике прошлого, его поздравило с выходом на пенсию руководство части, вся часть отметила его 55-летие службы, и его провожали как героя. Были произнесены хорошие речи, тосты, прощания. Времена действительно изменились!

* * *

БИЛЕТ В ОДИН КОНЕЦ

Итак, у меня на руках были выездные визы для себя, жены и двух наших сыновей. В графе «Страна назначения» в визе было написано «Израиль, условно». Это означало, что заявленным пунктом назначения был Израиль, при условии, что мы туда попадем. Настоящая конечная страна будет определена нами позже. Теперь нам нужны были билеты! А они нам нужны были срочно, потому что ходили слухи, что либо наши визы могут признать недействительными, либо скоро весь этот эмиграционный путь закроется.

Мы знали, что нашим пунктом назначения в Европе была Вена (Австрия), но прежде, чем мы сможем подать заявление в их посольство в Москве, нам необходимо было заверить наши визы в посольстве Израиля. Проблема заключалась в том, что посольства Израиля в Москве не существовало! СССР формально не имел дипломатических отношений с Израилем, а ограниченные контакты осуществлялись через посольство Голландии, выступавшее в роли доверенного лица посольства Израиля. Это был мой первый пункт назначения, когда на следующий день я приехал в Москву.

Идя утром по Москве, я решил пройти через Арбат,

красивую пешеходную улицу с богатой историей, полную небольших магазинов, которую посещают бесконечные музыканты, художники и поэты, представляя свое искусство публике. И к своему удивлению, я заметил, что в отдалении звучит пение и музыка с каждой секундой приближающиеся ко мне. Я присмотрелся: это был Шломо Карлебах, еврейский раввин, живущий в США, религиозный учитель, духовный лидер, композитор и певец, прозванный «поющим раввином». Он пел и играл на гитаре на Арбате в окружении большой толпы поклонников. Я знал его благодаря его феноменальному выступлению в Киеве шестью месяцами ранее, когда вся еврейская община Киева впервые смогла увидеть его и послушать его вдохновенные песни любви и надежды. Сегодняшняя встреча была просто нереальной, поэтому я сказал себе: «*Это знак - с этого момента все должно быть хорошо*».

Еще до того, как я подошел к посольству Голландии, я заметил длинную очередь людей. Эта очередь имела длину порядка четырехсот метров и вела к воротам посольства Голландии. Это была моя очередь!

У каждого человека в очереди на руках был номер, написанный шариковой ручкой. Мой номер был 942. И, если предположить, что у каждого человека было в среднем 6 виз (семья из двух родителей, двух бабушек и дедушек и двоих детей), время ожидания могло составить несколько дней. За неимением лучшего выбора, я присоединился к очереди, готовясь провести в Москве больше времени, чем планировал. После часа ожидания движение очереди стало заметным. Я решил пройти вперед посмотреть, что там делается, и вдруг кто-то позвал меня по имени. Это был один из моих друзей из Киева. Он пригласил меня встать в очередь рядом с ним, и почему-то никто из стоящих рядом не возражал. Таким образом я получил номер 240 и всего за 4 часа вошел в посольство Голландии. Друзья из моих бедных родственников тоже не теряли времени даром, поэтому вечером мы уже бежали по улицам Москвы, чтобы успеть к австрийскому посольству до его закрытия. Нам снова повезло, и наши визы были заверены.

Теперь начинался наш главный спектакль. Если вы слегка разбираетесь в географии, то знаете, что Москва, Киев и Вена находятся примерно на одной *линии*, идущей с востока на запад. Итак, нам просто нужно было купить билеты из Киева в Вену. Но международный поезд из Москвы приходил в Киев только один раз в день и было хорошо известно среди эмигрантов, что когда он останавливался на 10 минут в Киеве, свободных мест не было. Итак, нам необходимо было купить билеты в Москве, тогда у нас был шанс, что никто не займет наши места, и мы сможем сесть на этот поезд в Киеве.

С этими мыслями и с зарубежными визами на руках мы пошли на вокзал, в *международную* кассу. Я делал это впервые в жизни и чувствовал себя очень хорошо, когда сказал: "Четыре билета в Вену". Кассир взял мою визу и начал готовить билеты, а я начал смеяться. Не из-за какого-то юмора в этой ситуации, для большинства людей там, кроме нас, еврейских эмигрантов, она была вполне обыденной, просто я вспомнил старый анекдот, который сейчас крутился у меня в голове:

Вокзал, билетная касса, "Two tickets to Dublin!" - *"Куда, блин ?"* - "To Dublin!"

Если вы не говорите по-русски и по-английски; вы не поймете юмора этой игры слов: "To Dublin!" звучит: "Туда, блин!"

Билеты мы получили без промедления, потом купили билеты на ночной поезд обратно в Киев и наконец поняли, что уже ночь, но во рту у нас не было ни капли целый день. Нам нужно было найти место, где можно было поесть. Итак, мы шли и шли, пока не нашли ресторан, уже который закрывался. Судя по всему, на этот раз удача была с нами. Нас впустили, и уставшая стареющая официантка спросила: "Что бы вы хотели поесть?" Мы сказали: "Все, что у вас есть!"

Я пропущу все эти семейные приготовления к долгому *главному путешествию жизни*, когда нам пришлось разобраться, что мы берем с собой, а что оставляем дома. Я все время вспоминал мудрый совет моего друга, эмигрировавшего много лет назад: «Возьми себя и свою семью. Выучи английский. Остальное ты заработаешь и купишь позже».

Я расскажу только один случай на работе, когда меня вызвали в первый отдел КГБ, обычное место в каждой средней и крупной компании в СССР. Меня встретил сотрудник КГБ, представившийся *Иваном Ивановичем* (это была уже шутка, ведь такое имя было самым частым в стране, а значит, это было его прикрытием). Мы немного поболтали, ни о чем, а потом он спросил: «Ты собираешься вернуться сюда в Киев, чтобы навестить своего отца?» Я сказал: «Нет, я не планирую этого делать». Я не лгал; я действительно не рассматривал такую возможность. Если бы я был менее бдителен, я, возможно, попался бы в эту ловушку. Ведь если бы я сказал «да», он бы попытался меня завербовать, а это меньше всего мне хотелось. И я ушел.

И вот настал день отъезда. Многие из наших друзей - не евреев пришли попрощаться, и мы были им благодарны. Они понимали нас и огорчались, зная, что мы, возможно, никогда больше не увидимся. Тем, кто остается, всегда хуже: те, кто уходит, смотрят вперед, им не до сантиментов. Мы сели в поезд; наши места ждали нас! Следующей нашей остановкой стала пограничная железнодорожная станция — город Чоп.

Приехав туда, мы обнаружили, что наш поезд в Вену отправляется на следующий день. Нам нужно было место, где можно было переночевать одну ночь. Не забывайте, у нас не было транспорта, а в этом богом забытом городке была только одна маленькая гостиница. Дав взятку, мы получили одну комнату с односпальной маленькой кроватью на четыре семьи (!). Этого было достаточно, чтобы уложить двоих маленьких детей поспать на несколько часов, а затем другие дети могли по очереди отдохнуть. Самое главное, что у нас было место, где можно было выгрузить все наши сумки и чемоданы, и этого было достаточно. Вы поедете сегодня таким путем?!

На следующий день мы пришли на таможню и пограничный контроль. Тут надо пояснить, СССР (и, кстати, Россия с Украиной сейчас) был одной из самых коррумпированных стран мира. В девяностые годы, когда массовая эмиграция набирала обороты, таможня превратилась в весьма прибыльный бизнес. Поскольку каждый эмигрант мог легально обменять свои российские рубли только на 90 долларов и не более, богатые люди конвертировали свое богатство в ценности, которые можно было вывезти через таможню. Большинству эмигрантов грозило непредсказуемое будущее: их раздевали догола и выпускали из страны без денег и средств к существованию, до тех пор, пока они не смогли начать что-то зарабатывать. Это было частью большого плана — заставить людей даже не думать об эмиграции и наказать тех, кто пытался это сделать.

Итак, когда мы ждали своей очереди, произошло нечто неожиданное; всех пассажиров, включая нас, едущих в поезде из Москвы и Киева в Вену, расталкали, установили перегородки, а затем из бокового входа показалась длинная вереница багажных тележек, заполненных примерно до двух метров высоты, ведомая большой толпой людей, похожих на евреев из Узбекистана. Может быть, они и не были евреями, но, очевидно, они были богаты, смелы и готовы были смести каждого, кто пытался бы им помешать. Этот караван из повозок возглавлял их лидер – старый харизматичный мужчина с черными развевающимися волосами, черными бровями и пронзительным взглядом.

Они проследовали прямо к таможне, а мы все только смотрели на них, думая о справедливости или, вернее, об ее отсутствии. Позже мы поняли, что они подкупили всю таможню и взамен получили неограниченное право перемещать свою собственность, плюс они получили приоритетное место в том же венском поезде, который мы ждали уже 18 часов. Это было нечто... на тот момент мы даже не знали, сможет ли этот поезд взять нас всех. Потом, даже сама мысль о том, чтобы провести еще несколько дней в Чопе, была ужасна.

Но в этом вторжении была и хорошая сторона: когда мы проходили таможню, таможенник спросил нас: "Кем вы работаете?" Я сказал, что я инженер, а моя жена учительница. Он сделал кислое лицо (показывая отвращение к нашему низкому положению) и спросил: "У вас есть бриллианты?" Я ответил: "Да, здесь, в маленьком полиэтиленовом пакете, лежат серьги моей жены с бриллиантовыми камушками". Он быстро взглянул и сказал: "Чепуха, это не бриллианты, я могу провести тест и доказать это!"

Чувствуете сюрреалистический юмор этой ситуации? Обычно таможенники пытаются доказать, что блестящие цацки — это бриллианты, что они имеют высокую стоимость и подлежат конфискации — в соответствии с драконовским таможенным законодательством СССР, конфисковать все, что имеет рыночную стоимость. А здесь он хотел доказать обратное. Конечно, после того как мимо него прошли эти узбеки с их обильными украшениями с бриллиантами и тяжелыми золотыми цепями, серьги моей жены показалась ему стеклянными бусами из долларового магазина. Я сказал: "Я с вами согласен, пойдем дальше". И мы прошли на платформу, чтобы дождаться нашего венского поезда. Вскоре поезд подошел к платформе, и мы сели в него. Мы затащили свои сумки и чемоданы в первое пустое спальное купе и, наконец, смогли отдышаться.

Позвольте мне объяснить одну важную деталь: в СССР, после старого российского введения поездов в 19 веке, расстояние между колесами поезда было на 89 мм шире, чем стандартная узкоколейка Стивенсона, используемая в Западной Европе. Как показала история, это не создало никаких преимуществ в плане безопасности, но приносило больше проблем самому СССР, поскольку требовало от поездов, пересекающих границу, менять оси колес. Итак, в момент пересечения границы смена колес сопровождалась пограничным паспортным контролем, который должен был произойти.

Наш поезд медленно въехал в клетку с толстыми металлическими решетками, как в тюрьме строгого режима, и в вагон вошла группа охранников, вооруженных автоматами Калашникова и сопровождаемых немецкими овчарками. Они искали пассажиров, не внесенных в список, чтобы убедиться, что никто не сможет проскользнуть через границу на свободу. Они проверили наши документы, и охранник внимательно посмотрел на наши лица, сравнивая их с фотографиями. Лицо его выражало такую ненависть, что у меня по спине побежали мурашки... Этот охранник не был идиотом и ясно понимал, что мы, люди, которым он завидовал и одновременно - которых он ненавидел, едем на свободу, а он, главный здесь и вооруженный, все еще оставался рабом, не имея возможности когда-либо сделать то же самое. Наконец двери вагона закрылись, и мы двинулись. Иди к черту, эта проклятая страна! Мы тебя тоже ненавидим!

Во время моей жизни на Западе меня много раз спрашивали, испытываю ли я ностальгию по старой жизни в СССР? Я даже не понимал, о чем они спрашивают! Я скучаю по своей юности, по своим близким, по некоторым друзьям, но это не имеет ничего общего с этой ужасной страной, которая была – и остается – раковой опухолью, вторгающейся и заражающей весь остальной мир. Эта страна распространяет и поддерживает огромное большинство преступлений в мире, при этом, ханжески прикрывает свою мерзость тотальным промыванием мозгов внутри и хорошо поставленным театральным шоу снаружи. Страна, где нет ценности ни в одной человеческой жизни, где человечность существует только в киносериалах и где большая часть населения является моральными рабами, управляемыми правителями, которые тоже являются бывшими рабами.

Но мы были все вместе — моя любимая жена, излучающая радость в преддверии новой жизни и наши сыновья 12 и 5 лет, для которых это было чудесное, увлекательное путешествие. Мы ехали на поезде, идущем на запад, подальше от границы, веря в то, что мы никогда больше её не пересечем.

Кто знал, что сразу после нашего уезда, эта империя зла полностью рухнет, и все правила игры изменятся. Но, оглядываясь назад с сегодняшнего дня, 2023 года, я могу с грустью заключить, что все потрясения последних 25 лет не изменили того, что делало эту страну такой плохой: в ней по-прежнему нет ценности человеческой жизни, нет морали и страной теперь управляет криминальная мафия с очень небольшим шансом на перемены.

Итак, вперед к нашему пункту назначения! Мы приближались к первой крупной вехе нашего путешествия — Вене. Жадно выглядывая из окон, мы пытались увидеть, как это выглядит. Поезд остановился, и мы сначала не поверили своим глазам — платформа была заполнена солдатами с автоматами.

Снова??

Откуда мы могли знать, что эти солдаты были направлены сюда не для того, чтобы навредить нам, а для того, чтобы защитить нас! Мы никогда не видели, чтобы власть советского правительства использовалась для нашей защиты, единственный опыт применения силы всегда был, когда они пытались причинить нам вред или подчинить себе. Здесь все было как раз наоборот. Несколькими днями ранее мусульманские террористы взорвали бомбу возле посольства Израиля в Вене. Поэтому, чтобы защитить евреев, приезжающих из СССР, израильское правительство развернуло силы военной охраны для предотвращения любого предстоящего нападения.

Здесь я приостанавливаю рассказ о нашем путешествии к свободе, чтобы повторить известную и объективную истину: Жизнь на свободе не безопаснее и не проще, чем жизнь за железным занавесом. Как раз наоборот! Крысы, живущие в клетке, имеют все необходимое — еду, воду, теплое место для сна, но за все это свободным крысам приходится бороться. И единственная их награда — свобода. Итак, отныне нам придется определять все, что происходит в нашей жизни: как и где жить, чем заниматься, как зарабатывать на жизнь и как воспитывать детей. Это непросто, поскольку спектр проблем на Западе огромен. Это означает, что мы теперь находимся в бесконечной борьбе. Но ставки высоки, мы этого хотели и готовы принять вызов.

* * *

PASTICCERIA
CONFETTERIA
CAFFETTERIA

РИМСКИЕ КАНИКУЛЫ

Первый вопрос, когда мы вышли на платформу поезда в Вене, был: «Вы едете в Израиль или в другое место?» Тех, кто сказал «в Израиль», немедленно выпроводили с вокзала, отвезли в аэропорт и к концу дня они уже ступили в *Эрец Исраэль*.

Мы хотели поехать в США. На то было три причины —

Первая — практическая: у нас не было родственников в Израиле, но в то же время дальняя тетя моей жены в Чикаго прислала нам приглашение с документом о гаранте (обязательный документ, необходимый для въезда в США. Там написано, что если в течение первых 6 месяцев иммигрант не найдет работу, то гарант его поддержит).

Вторая — профессиональная: я был физиком и инженером-электриком и знал, что из-за «второй» иммиграционной волны Израиль получил огромное количество высококвалифицированных ученых и инженеров из СССР, гораздо больше, чем нужно было любой стране мира. Поэтому мои шансы найти профессиональную работу в Израиле были невелики.

Третья — политическая: выйти из советского тоталитарного социализма, а затем снова попасть в руки израильского левого социализма, мне показалось просто глупостью. События последних 25 лет доказали, что моя догадка оказалась верной на все 100%!

Была еще и четвертая причина, которая, в конце концов, оказалась самой важной:

Шесть месяцев ранее, когда мы еще были бедными родственниками и боролись за свое право на эмиграцию, я встретил туриста из США из города Lexington, штат Массачусетс. Он был членом еврейской реформистской синагоги, которая искала еврейские семьи, желающие иммигрировать в США, чтобы помочь им стать членами их общины. Обязательными условиями были профессиональное образование и наличие маленьких детей. Наша семья идеально соответствовала этому описанию, поэтому мы договорились, что, когда мы выберемся из СССР, я свяжусь с ним. Lexington — пригород Boston, великолепного города с 13 институтами, некоторые из которых являются лучшими в мире! Это было то место, где я хотел жить и работать.

Итак, по прибытии в Вену, нас вместе с большой группой других иммигрантов посадили в автобус и отвезли на временное проживание на границе Австрии и Чехии. Это место называлось: Отель Биндер. Было начало зимы, и все вокруг было занесено снегом. Безмятежные горы были прекрасны. Но этот сказочный пейзаж не находил отклика у морально истощенных людей, которые только что пережили столь важные события, изменившие их жизнь.

Нашими гидами была небольшая группа американцев, работающих в HIAS (еврейская некоммерческая организация, помогающая беженцам по всему миру). Они много работали над тем, чтобы все разумные потребности приезжих были удовлетворены и люди чувствовали себя как дома. Я вызвался помочь им, выступив переводчиком — выяснилось, что большинство иммигрантов в нашей группе не говорили по-английски; возникла серьезная проблема с общением.

Отель Биндер был не маленьким, но все же не мог разместить всех желающих в своих номерах, поэтому некоторым семьям пришлось разместится в просторном холле на первом этаже. Никаких нареканий не было, даже маленькие дети понимали, что происходит, и вели себя корректно. Питание тоже было предусмотрено, и для нас, не привыкших к ресторанному обслуживанию, все это было как сон. Нам повезло — у нас была отдельная комната с двумя односпальными кроватями, которые мы сдвинули вместе, накрыли их шерстяными пледами, которые были с нами, что еще нам нужно было для счастья?

Мы вели спокойную и ленивую жизнь, и это помогло нам быстро расслабиться, поэтому через три недели, когда нас пригласили в Вену на собеседование в посольство США, мы были готовы. Это была чистая формальность, хотя совет бывалых друзей был - не показывайте знание английского и на вопрос "Почему вы захотели эмигрировать из СССР?" отвечайте: "Из-за отсутствия религиозной свободы". Мы прошли собеседование, и через неделю нам сказали собирать чемоданы и переезжать в следующий пункт назначения — Италию.

Очень скоро наш поезд медленно двинулся на юг через итальянские горы, мы сидели в спальном купе и смотрели в окно, дверь медленно открылась, и итальянский пограничный патруль попросил нас показать проездные документы. Я показал наши визы, он мимолетно взглянул на них, улыбнулся той теплой, человеческой улыбкой, от которой мы уже отвыкли, а затем вытащил из кармана конфету и дал ее младшему сыну Саше. Ничего особенного... Но для меня это было как откровение, то, которого я ждал годами: "Теперь мы свободны!"

Мы прибыли в Рим, «столицу мира». Наш отель представлял собой старое, мрачное пятиэтажное здание с белыми колоннами и бетонными полами. В нем не было лифта, поэтому нам потребовалось много энергии, чтобы затащить наш багаж наверх в нашу комнату. Но на этот раз это было не место для отдыха — нам сказали, что через неделю многие из нас должны выбраться и найти другое жилье.

Так получилось, что наша семья оказалась в числе этих

"многих", и я начал искать жилье для аренды. Мой итальянский словарный запас значительно обогатился множеством практических слов, самым важным из которых было — *affittare appartamento* (сниму квартиру). Это была длинная история — мне пришлось объединить усилия с нашим другом, бедным родственником Юрием, имевшим немного больше влияния среди итальянских властей, которые руководили иммиграционным процессом здесь, в Риме.

В конце концов нас поселили в деревянном домике, служившем местом летнего отдыха отдыхающих итальянцев. Он располагался в километре от Средиземного моря, в красивом лесу из высоких сосен, тех самых, которые используются для изготовления лодочных мачт. В этом лагере были сотни таких домиков, и все они, как правило, в это время года пустовали. Лагерь имел отношение к мафии и принимал на тот момент около тысячи выходцев из СССР. Мы связались с нашими спонсорами в Lexington и объявили кураторам HIAS, что изменили наши планы и готовы переехать в Boston. Это привело к дополнительной шестинедельной задержке обработки наших документов.

Зима на юге Италии мягкая, но в декабре по ночам температура иногда опускается ниже нуля. Было холодно, но в конце концов мы получили электрический обогреватель, который нам очень помог. Все пледы и постельное белье у нас были с собой, поэтому здесь они были особенно кстати. Спустя годы я узнал, что мы должны были получить полные комплекты постельного белья, кухонной утвари и предметов домашнего обихода, за которые мы действительно заплатили, но так и не получили, потому что все это было украдено. Воровство — международное явление; различия только в методах... А Рим – мировая столица карманников, меня самого и всех моих друзей, когда-либо бывавших в Риме, ограбили на улице, хорошо организованные цыганские банды.

Раз в месяц я ездил с группой других иммигрантов в банк в Риме, где мы получали ежемесячное пособие. Для моей семьи из четырех человек это должно было составить 800 Милле лир (около 560 долларов). Это то, что я подписал в своей финансовой квитанции! Но вместо этой суммы мне дали всего 200 Милле лир. Остальное забрали владельцы лагеря. Итак, это ни в коем случае не была итальянская благотворительная организация, это было прибыльное коммерческое предприятие, оплачиваемое американским еврейством.

Но даже это не могло испортить нам праздничное настроение! Каждую неделю я ездил на местном поезде, один или с Ларисой, в Рим на Круглый рынок. Это был феноменальный рынок круглой формы с сотнями мелких торговцев, торгующих едой. Все было свежее — рынок открывался каждое утро в 7 утра и к 19 часам вечера был безупречно чистым! Все, что не было продано, было утилизировано или продано за небольшую часть цены в другом месте. А цены там были в четыре раза ниже, чем в магазинах Рима.

Поскольку наши расходы были минимальными, нам удавалось очень хорошо жить и питаться всего за 140 долларов в месяц. Навыки этого передавались от одного поколения иммигрантов к другому. Моя жена Лариса этому научилась на второй день после нашего заселения. Соседка (все домики были дуплексами) научила Ларису печь хлеб в кастрюле на плите. Эта буханка свежеиспеченного хлеба с хрустящей корочкой была настолько вкусной, что мы съедали ее мгновенно и хотели еще. Нашим мясом была курица, а фруктами — апельсины, мандарины и волосатые фрукты, похожие на картофель, которых я никогда раньше не видел. Это были знаменитые итальянские киви. Каждые выходные к нам в лагерь приезжал грузовик с парой десятков лотков спелых персиков. Их продавали по самым низким ценам, а позже мы разделяли их между семьями.

Но кульминацией наших вечеринок за едой для взрослых был фруктовый пунш. Мы смешивали дешевое виноградное вино (стоимостью 70 центов за литр) со всеми остатками фруктов и варили его в кастрюле. Холодной зимней ночью, что может быть более согревающим и бодрящим! Главным развлечением вечера было сборище всего лагеря возле дирекции, где кто-то объявлял имена семей, получивших в этот день проездные документы. Те, кто их получил, готовились к отъезду. Остальным приходилось провести еще несколько недель или месяцев в ожидании.

Нам не разрешали работать, поэтому мы проводили дни в долгих прогулках в сторону моря, под кронами сосновых крон, создавших волшебный коридор, ведущий к сине-зеленой водной глади. В конце был небольшой ларек, где мы покупали три рожка мороженого: по одному для мальчиков и один для меня и Ларисы. Мороженое было украшено орехами, шоколадом и сахарными фруктами — мы были на седьмом небе.

Очень скоро нам стало скучно, и нашим детям тоже нужно было какое-то образование, поэтому вместе с другими семьями мы открыли школу, где преподавали английский язык, математику и физику. По крайней мере, это было что-то. Наш старший сын Константин нашел себе более продуктивное занятие — с несколькими детьми его возраста они пошли в город и начали мыть окна машин на перекрёстках. Платили немного, но было Рождество, у людей было праздничное настроение, поэтому однажды он пришел домой и дал Ларисе двадцать пять Милле лир. Это вызвало шок, ведь до этого случая мы понятия не имели, чем он занимается — мытье стекол всегда сопряжено с опасностью попасть под движущуюся машину...

В нашу жизнь вошла высокая, аккуратно выглядящая, черноволосая американка, которая появилась в лагере и объявила, что отныне она будет вести занятия об американской жизни, разумеется, на английском языке. Это было здорово — мы посещали все её классы. Она говорила обо всем: о том, как люди живут, как ездят на машинах; как они делают покупки, осуществляют банковские операции, о писаных и неписаных правилах общества, об одежде и правилах социального общения. Она рассказала нам об американских рабочем рынке, резюме, собеседованиях и все это имело неоценимое значение для нас, никогда не пересекавших Атлантический океан.

Мы о многом говорили и узнали, что она жена высокопоставленного американского офицера, служившего в Италии. Однажды она спросила нас, хотим ли мы помочь ей вымыть окна в ее доме. Мы согласились, и она была готова нам заплатить, и это было хорошим дополнением к тому, что у нас было. Мы работали там целый день с перерывом на обед, который она предоставила. Прежде чем мы начали есть, она сделала паузу и помолилась. Позже я обнаружил, что несмотря на то, что она была еврейкой по рождению, она исповедовала другую веру — "Евреи за Иисуса". Члены организации "Евреи за Иисуса" очень активно распространяли свои религиозные взгляды, и за это их ненавидели еврейские ортодоксальные общины.

Через несколько дней она принесла полный багажник автомашины книг: Библий и предложила их всем желающим. Ветхозаветная часть христианской Библии — это Тора, и я никогда раньше не держал Тору в руках. В СССР достать её было невозможно — эта книга никогда не издавалась коммунистами для широкого пользования.

Чуть раньше несколько ортодоксальных евреев из Москвы решили открыть в нашем лагере религиозную школу для детей. Наш сын Константин начал её посещать. Примерно через неделю после того, как мы получили наши Библии, он пришел домой и сказал: "Наш учитель попросил нас завтра принести Библии в класс, мы их сожжем!" Для меня это было возмутительно... На следующий день я пришёл с сыном в класс на встречу с учителем. Я спросил его: "Вы сказали моему сыну принести Библию и сжечь ее?"

Он ответил: "Да."

Я сказал: "Вы знаете, что коммунисты и фашисты всегда жгли книги, вы хотите вступить в их ряды? Эта христианская Библия — самая святая книга и для евреев…Ветхий Завет – это Тора!"

Он сказал: "Нет, он искажен, текст другой ".

Я спросил: "Можете ли вы привести мне пример этого?" И я протянул ему книгу.

Он заложил руки за спину и сказал: "Я даже не прикоснусь к ней!"

"Тогда откуда вы знаете, что это другой текст?!» сказал я.

Я не религиозный человек, но я верю в понятие праведности. Оно включает в себя множество человеческих качеств, некоторые из них — служение Богу, некоторые — моральные человеческие ценности. Мне кажется, что в некоторых еврейских общинах (в том числе и этот человек, о котором я говорю) члены забыли, что соблюдение строгой еврейской ортодоксальности по-прежнему предполагает, что люди должны быть высоконравственными людьми. Они не могут быть праведниками, если в повседневной жизни ведут себя как надменные снобы.

Мы прожили в этом лагере три месяца, наслаждаясь самым длинным отпуском в нашей жизни, и в то же время считая дни до его окончания и начала новой продуктивной жизни. Наше время ожидания было не самым долгим в лагере — дольше всего время обработки было у тех евреев, которые подали заявление на иммиграцию в Канаду. Помимо «обычных» вопросов и требований, канадские чиновники также внимательно смотрели на лица претендентов — их заботило и имелись какие-то стандарты, как должны выглядеть претенденты! Скажите мне, что это не Евгеника...

Итак, однажды нас пригласили в посольство США в Риме, а затем отправили в госпиталь для прохождения всех медицинских обследований. Это была нормальная процедура, направленная на обеспечение здоровья новых иммигрантов, в отличие от того, что мы имеем в США сегодня, в 2023 году, когда южная граница широко открыта и в страну проникают миллионы нелегалов, приносящих всевозможные заболевания — бесконтрольно, полный беспредел.

Наконец однажды вечером назвали и нашу фамилию — мы получили толстый запечатанный конверт (мне сказали его не открывать) с документами на поездку в США и назначили дату отъезда. Накануне этого дня мы спали всего два часа, потому что к трем часам утра были готовы выйти с сумками и чемоданами на улицу, чтобы встретить автобус, который везет нас в аэропорт Рима.

А восход солнца мы встретили впервые в жизни сидя в Боинге 747, направляющемуся в сторону Нью-Йорка. Эту поездку до нас совершили миллионы эмигрантов из Европы в XX веке, улетая от своей старой жизни, навстречу новой.

Через двенадцать часов мы приземлились в аэропорту Джона Кеннеди.

Добро пожаловать домой!

* * *

TRIDENT

ТРАЙДЕНТ

Моя семья жила во временном лагере в Италии, ожидая, пока официальные лица США оформят наши документы о статусе беженцев. Нашим принимающим спонсором была реформистская синагога в Lexington, MA. Большинство действий предпринимали несколько человек, одним из которых был Алан. Именно ему пришла в голову замечательная идея — принять еврейскую профессиональную семью с маленькими детьми из Украины, и для ее реализации он собрал и подал в иммиграционную службу все необходимые документы. После нашего приезда он организовал всю группу поддержки для нашей семьи и лично покровительствовал нам в течение первого года.

Когда мы прибыли в Boston, уставшие и разбитые после долгого полёта, нас встретила большая группа друзей, никого из которых мы никогда раньше не видели и даже не знали. Первую ночь и следующие несколько недель мы провели с двумя замечательными людьми — Кеном и Элли, которые принимали, кормили и обучали нас в своем доме.

Я не могу забыть одно холодное воскресное утро, когда

Элли и моя жена Лариса пекли что-то вкусненькое, слушая Клезмеровскую музыку, которую мы никогда раньше не слышали, но признавали в ней что-то, что было частью нас, подавленным, даже забытым, но теперь — живим и радостным. Алан и его жена Ардес также были очень добры к нам, помогали во всем, обучали нас основам еврейской жизни, помогали развеять наше невежество. Наши новые друзья стали существенной частью нашей жизни.

Нам потребовалось время, чтобы встать на ноги, но мы это сделали и довольно быстро — мы не хотели быть ни для кого обузой — мы хотели быть полностью независимыми и самостоятельными. Вначале нас спросили, хотим ли мы жить ближе к русской общине или жить как американцы, мы выбрали второе без колебаний. Мы поселились в соседнем городке Waltham, так как аренда в Lexington была для нас слишком дорогой. Наши мальчики начали посещать воскресную школу при синагоге, и мы встретили много таких же родителей, как мы, постепенно создавая сеть друзей.

Конечно, мы искали работу. Я должен был быть кормильцем, но найти профессиональную работу в 1990 году было очень сложно, была рецессия, и никто не нанимал кандидатов наук из другой страны, которые не могли принести с собой никаких выгодных контрактов. С помощью друга Алана из синагоги Лариса устроилась на неполный рабочий день офис-секретарем, но я все еще искал. С нами связалась JFCS (организации, помогающая еврейским семьям с детьми), у которой был список компаний-участников, помогающих вновь прибывшим специалистам найти работу. Они организовали для меня четыре интервью в известных американских компаниях, расположенными вдоль шоссе 128 в Boston. Я купил старинную пишущую машинку Remington за 5 долларов и напечатал свое резюме. Я никогда раньше не составлял резюме и понятия не имел, что в нём важно и как это сделать правильно. Я показал моё резюме Алану, и он одобрил его без единого комментария. Мое резюме было не очень хорошим, но он, видимо, не хотел задеть мое самолюбие. Когда я посмотрел это резюме несколько лет спустя, я чуть не рассмеялся — никто не возьмет на работу человека с таким резюме.

Но в любом случае я ходил на эти собеседования — с вице-президентами этих компаний, и это была трата времени этих топ-менеджеров. Мы говорили на разных языках: они искали во мне что-то знакомое им, что-то, что можно было бы вписать в их коллектив, но я понятия не имел, что они ищут, и просто рассказывал им о своей научной работе в киевском ИПАНе, о котором они понятия не имели. У меня были разносторонние навыки – от электротехники до физики твердого тела, но им требовались высококвалифицированные инженеры в совершенно определённых областях, о которых я никогда не слышал. Конечно, при некоторой тренировке я смог бы сделать то, что они искали, и в конце концов мне удалось это доказать, но в тот момент точек пересечения не было.

Это был неприятный удар по голове, я думаю, который нужен каждому иммигранту в другой стране! Он помогает все увидеть в перспективе, заставляя людей задуматься: "Почему мы не понимаем друг друга?" Урок я усвоил, пусть не сразу, но усвоил: забыл на время, что у меня кандидатская степень по физике, достал диплом инженера радиоэлектроники и написал очередное резюме, где перечислил все свои навыки и проекты, связанные с электроникой. Я всегда рассматривал эти проекты как второстепенные или даже - как хобби, но теперь я представил их как свою основную область деятельности. Я отправлял десятки резюме; результаты по-прежнему были отрицательными. Только много лет спустя я узнал, что отделы кадров в США, особенно в крупных компаниях, ищут конкретные ключевые слова в резюме, точно соответствующие описанию имеющейся вакансии.

Поскольку сумма денег, которую мы получали, была небольшой — жить в районе Boston становилось невозможно. Мне нужна была работа. Что ж, я сделал второй шаг вниз: я на время забыл о своем высшем образовании: моим главным хобби всей жизни было создание электроники и громкоговорителей для Hi-Fi музыкальных систем. Итак, я начал искать любую работу в сфере звуковой-электроники, на любом уровне.

Однажды в газете Boston Globe я нашел объявление о работе от небольшой компании из Belmont, занимающейся ремонтом и арендой бытовой и профессиональной электроники. Это было время, когда имело смысл что-то починить, а не покупать новое. Я пошел туда и встретил владельца по имени Винс — высокого, харизматичного человека, не закончившего институт, но со множеством практических навыков, известных только хорошему специалисту: его бизнес был его жизнью. Ему понравилось то, что я инженер-электрик, и он хотел убедиться, что мы можем общаться. Он сунул руку в глубокую коробку с кучей деталей от магнитофонов и видеомагнитофонов, вытащил одну из них и спросил меня: "Как это называется?" Я ответил, он вынул другую деталь — я ее тоже назвал. Винс был доволен. Причина, по которой я прошел этот «тест», который, вероятно, провалили бы многие американские инженеры, заключалась в том, что я изучал термины английского языка в трех областях моей специализации: физике, электронике и математике. Теперь они помогли мне получить мою первую работу! Он предложил мне минимальную на тот момент почасовую оплату, я согласился — все равно это было лучше, чем сидеть дома и смотреть в окно.

Работа заключалась в чистке и ремонте огромных профессиональных консолей с регуляторами тембра, которые сдавались в аренду различным музыкантам и музыкальным продюсерам, ремонте кассетных магнитофонов, проигрывателей компакт-дисков, а позже и видеомагнитофонов — всего того, что обычно использовалось на рынке бытовой электроники. Мне это нравилось, чинить вещи было моей глубокой страстью всю жизнь — мне всегда было очень приятно, когда что-то мертвое и бесполезное снова становилось живым и функциональным, и это делал я! Винс тоже был доволен — большую часть времени я проделывал отличную работу (только один раз я потерпел неудачу и совершил большую ошибку...), и он хвастался перед некоторыми постоянными клиентами: "У меня здесь работает русский инженер!" Очевидно, это было большим утешением для его самолюбия.

Чтобы добраться до работы, мне приходилось ходить 10 километров в одну конец — это было довольно далеко. В течение первой недели я предпринял несколько попыток остановить проезжающую машину, но очень скоро я понял, что никто не остановится, поэтому я смирился со своей судьбой и наслаждался трехчасовой прогулкой каждый день — большинство людей сегодня очень позавидовали бы... Я гулял так два месяца, пока однажды мне не сказали, что кто-то из синагоги собирается отдать мне свою старую машину. Это была машина AMC Concord, антикварной марки, насквозь проржавевшая, со сломанной задней подвеской, поэтому при движении передняя часть машины поднималась, и она выглядела как животное, готовое прыгнуть. Я был счастлив — это была моя первая машина. Дома я припарковал ее перед нашим домом и каждые десять минут выглядывал наружу, посмотреть, на месте ли еще машина... Ну, эта машина была настолько убогая, что во время езды теряла некоторые детали... Мне стоило значительно дороже держать эту машину в рабочем состоянии, чем потом платить кредит за новую. Но эта машина экономила мне два-три часа в пути каждый день.

Помню, как я сидел в запаркованной машине во время ланча (я предпочитал во время обеда уйти с работы, подышать свежим воздухом и немного подвигаться). Снова было Рождество — да, следующее после первого, которое мы провели в лагере в Италии, я все еще был без настоящей работы (я никогда не считал эту работу долгосрочной), не мог дать своей семье то, что им нужно, без каких-либо перспектив на горизонте, в то время как Джон Леннон пел по радио: "So, this is Christmas..." На глазах у меня выступили слезы: после всех наших скитаний это была моя печальная реальность. Я чувствовал себя ужасно. Я уже перестал искать работу, все равно напрасно. Но мы выжили, дети ходили в школу, Лариса была занята, жизнь продолжалась.

А потом… как в каждой хорошей сказке, что-то случилось!

Один из друзей Алана из синагоги по имени Джо — старый инженер-механик, давно вышедший на пенсию, решил подработать в крупной аудио компании в Boston. Он вызвался принести туда мое резюме. На своем Remington я напечатал специальное резюме (я уже узнал, что резюме должно быть адаптировано к вакансии или, по крайней мере, к профилю компании). Здесь я в основном говорил о своем хобби — разработке акустических систем Hi-Fi, усилителей, кассетных магнитофонов и проигрывателей виниловых пластинок. Я, конечно, не акцентировал внимание на том, что всю эту электронику и акустику я соорудил дома на обеденном столе. И это происходило, к большому неудовольствию моей жены, которая хотела, как того хотят все женщины, чтобы я был “дома”, а не был полностью погружен в свою электронику. Я не сожалел об этом, потому что чувствовал, что однажды это изменит мою жизнь. Я оказался прав. Джо взял мое резюме и лично передал его нанимающему менеджеру. Это была редкая удача: большинство резюме выбрасываются еще до того, как они доходят до технических специалистов.

Тем временем неожиданно я получил приглашение от другой крупной компании из Огайо — они производили медицинские инструменты, но имели очень смелые амбиции — создать роботов для удаленного проведения хирургических операций. Конечно, я полетел в Cleveland. В аэропорту я впервые в жизни взял напрокат машину. Хорошо, что я не сразу поехал, а сначала заехал в отдаленную часть парковки — изучить кнопки и органы управления машиной. Это было разумно, потому что через мгновение начался дождь, и я включил дворники. Не смейтесь, если вы родились и прожили жизнь вокруг автомобилей, это звучит забавно — я не знал схемы управления современной машиной, той, на которой я ездил, было более 25 лет.

Компания, в которую я приехал, выделила целый день на

собеседование со всеми претендентами — вместе со мной в холле было около десяти человек. Мне пришлось поговорить с 5 сотрудниками компании. Накануне я много думал и был готов:

- Во-первых, я принес с собой набор карточек, где на каждой карточке был изображен проект, который я сделал, поэтому, когда пришло время поговорить об этом, у меня было что показать. Кстати, меня всегда интересовали медицинские приборы, поэтому в моем наборе были электроакупунктурные стимуляторы, зонды для поиска активных нервных центров, инструменты для глубокого промывания горла для отоларингологов и многое другое.

- Во-вторых, я научился задавать вопросы. Поэтому у каждого интервьюера я что-то спрашивал, чтобы узнать побольше о компании и о вакансии, которую они пытались занять. К концу собеседования я знал гораздо больше, чем вначале, поэтому мои ответы стали гораздо более точными и соответствующими потребностям компании. Это была большая разница по сравнению с первыми собеседованиями, которые я провел по прибытии.

Я полетел домой, чтобы дождаться результатов рассмотрения моего резюме, которое Джо передал на должность старшего инженера-электрика в отделе обеспечения проектирования – Design Assurance Engineering (DAE). И, к моей большой радости, через несколько дней мне позвонили и пригласили туда на собеседование. Компания располагалась на вершине холма, откуда открывался великолепный вид на окрестности Boston вплоть до заповедника Blue Hill. Настроение у меня поднялось, я определенно добился прогресса после 9 месяцев работы на минимальную заработную плату. В этот день у меня также было 5 собеседований. Моими самыми памятными интервью стали следующие две встречи:

Сначала с руководителем аудио группы Биллом, который сначала спросил меня о моем довольно сложном проекте с усилителями с отрицательным выходным сопротивлением (чтобы улучшить динамику звуковой системы), но потом поставил меня на место, сказав: "Вы не знаете ничего об акустике, нечего притворяться". Меня это оскорбило, но я не стал спорить. В последующие годы мы подружились и, кстати, Билл был прав насчет моих плохих знаний в области акустики!

Вторая встреча была с менеджером Дэйвом – начальником отдела, в котором мне потом предстояло работать. Он только недавно создал этот отдел и остро нуждался в опытном инженере-электрике с широкими навыками не только в области электротехники, но и в области радиочастотных, акустических, механических и экологических испытаний. Существует правило первых 3 минут собеседования: первое впечатление о человеке мы формируем за первые 3 минуты, а оставшийся час тратим на его доказательство. У меня возникла приязнь к Дэйву в тот момент, когда я его увидел. У него была открытая, дружелюбная улыбка, я чувствовал его уважение и человеческую порядочность. И это было взаимно. В конце концов он взял какой-то электронный блок и спросил меня: "Знаете, что это такое?" Я посмотрел: там были силовые транзисторы, несколько больших катушек индуктивности, экран и микросхема. Я сказал: "Наверное, это усилитель". Он сказал: "Да, вы можете это улучшить?" На самом деле это вопрос был весьма провокационным. Кто-то годами работал над созданием этого усилителя, его тестированием, оптимизацией и снижением его стоимости. Как можно просто посмотреть и улучшить это?! Но я был смелым, я сказал: "Конечно, просто дайте мне шанс!"

Когда я пришел домой, Лариса уже была в напряжении. "Почему это заняло у тебя почти целый день?" Я остался доволен — день прошел с большой пользой. Около 8 часов вечера зазвонил телефон: "Говорит Дэйв. Я звоню только для того, чтобы сказать вам, что с вами все в порядке, вы нам нравитесь, и мы планируем пригласить вас на второе собеседование на следующей неделе». Я застыл: "Так вы звоните мне чтобы сказать это?" Он сказал: "Да, я хочу, чтобы вы чувствовали себя хорошо, хороших выходных!" Это был момент в моей жизни, который я никогда не забуду: мой потенциальный будущий начальник звонит мне, чтобы сообщить хорошие новости, чтобы мне было хорошо! Никто никогда не делал этого для меня. Это было нечто!

На следующей неделе я пришел в компанию снова и встретил там на втором интервью еще 5 сотрудников:

Первым был мой будущий непосредственный начальник по имени Марк. Он был дружелюбным, спокойным человеком, очень похожим на Дэйва, неудивительно, что они работали вместе. Я ему рассказал, что уже 9 месяцев чиню всякую электронику, кроме телевизоров. На его вопрос: "Какое у вас было самое интересное решение проблемы?" Я дал очень детальный ответ: я любил эти вещи и мог говорить о них вечно. Он был доволен — мои навыки были очень важны для нашей дальнейшей работы: шутники называли наш отдел "вибраций и печей", а мы добавляли: "поломок и починок".

Еще был вице-президент по науке Том. Основываясь на моей предыдущей встрече с вице-президентом во время первого интервью, я приготовился к непринужденной болтовне об образовании в СССР или о чем-то подобном. Вместо этого он попросил меня нарисовать схему на полевых транзисторах. Смена темы была настолько быстрой, что я поначалу допустил ошибку, которую сразу заметил, сказав: "Вы уверены?" Итак, мне пришлось переключиться, мгновенно настроиться на электронику, и я это сделал! Моя ошибка была исправлена, мы продолжили разговор об электронике — мы были на одной волне. В то время я еще не знал, что только что разговаривал с лучшим инженером-электриком в корпорации. Сотрудник №2. Примерно через 10 лет Том станет моим непосредственным начальником, и я в сумме проработал с ним 28 лет, вплоть до его выхода на пенсию.

Моя последняя техническая встреча в тот день состоялась со ведущим инженером и руководителем группы Робом. Он был чрезвычайно опытным инженером - талантливым, самоуверенным и, наверное, очень эгоцентричным. Я был готов — у меня было несколько карточек с моими электронными проектами, поэтому мы провели некоторое время, просматривая мои электронные схемы, обсуждая плюсы и минусы тех или иных конструктивных решений, и похоже, это его устраивало. Затем он сказал: "Я вижу, что вы инженер-конструктор. Почему вы подали заявку на работу в DAE?" В то время отдел DAE считался второстепенным отделом, имеющим низкую ценность и репутацию в компании. Благодаря усилиям Дэйва и нашей многолетней работе мы сделали этот отдел таким же важным, как группы разработчиков, создающие конечные продукты. Но вопрос Роба меня глубоко ранил: я практически находился на улице, не имея настоящей работы и не имея возможности прокормить свою семью. Барьер попасть в эту компанию через Design Assurance был намного ниже, у них была вакансия, а он спрашивал меня, почему я подаю заявку на эту должность? Я ответил что-то примиряющее и мы расстались.

Последнее собеседование дня было с представителем отдела кадров. Я уже разобрался, кто есть кто, и был спокоен и расслаблен. Она спросила о моих рекомендациях (от Винса из компании по ремонту/прокату аудиотехники), а затем спросила: "Почему наша ведущая компания должна нанять вас?" Видимо, таким образом они наблюдали реакцию кандидата на провокационные вопросы. Я улыбнулся и очень "скромно" ответил, что компания получит самого креативного и талантливого инженера, которого они когда-либо имели.

Намного позже Дэйв рассказал мне, что, когда группа, проводившая собеседование, провела встречу на которой они приняли решение нанять меня, представитель отдела кадров предложила снизить мою зарплату на 30% от первоначальной суммы. Она возражала: "Он все равно это примет!" Она была абсолютно права: в моей ситуации, работая на минимальную зарплату, я бы согласился на любые деньги. Но умный и честный Дэйв сказал: "Нет, мы будем платить ему так же, как платили бы любому инженеру на этой должности. Я хочу, чтобы он остался в компании, а не вырос и ушел позже".

Если эта комедия-драма вас не усыпила, есть продолжение. Представитель отдела кадров позвонила Винсу и попросила его рассказать что-нибудь обо мне. Винс ответил, что впервые услышал мое имя и не знает меня. Ух ты! Какой гад… У него была причина для такой откровенной лжи: он хотел, чтобы я продолжал у него работать - он думал, что я нелегал, без права трудоустройства. По сути, он считал меня запертым в его магазине на всю жизнь. Звонок из крупной бостонской компании с просьбой обо мне был для него личным оскорблением, напомнив ему о его неудачных попытках стать настоящим инженером. Так он решил мне отомстить. Представитель отдела кадров позвонила мне и попросила рекомендацию, которая будет работать. И тут у меня возникла идея: недавно Винс нанял, а я обучил еще одного техника. Я посоветовал ей позвонить этому технику и спросить обо мне. Она это сделала, и я получил замечательную рекомендацию, "спасибо" от этого техника за то, что я сделал, тренируя и вводя его в курс дела.

Через неделю я получил по почте официальное предложение о работе на должность, о которой мечтал, и с зарплатой, которая на тот момент казалась почти нереальной! Конечно, я принял и подписал предложение. Через неделю после того, как я приступил к новой работе, я отогнал свою развалившуюся машину на свалку, пошел в автосалон Toyota и купил новенькую Camry!

Но что случилось с моим интервью в Cleveland? - Я тоже получил их предложение! У меня было два предложения одновременно и я, естественно, вежливо отказался от компании медицинского оборудования. Я ни разу об этом не пожалел. Я получил работу, о которой мог только мечтать и которой наслаждался на протяжении 30 лет! Мне не пришлось уезжать из Boston – Cleveland и близко не стоял по сравнению. Четыре года спустя я узнал, что эта компания, дочерняя компания более крупной корпорации, закрылась. Судя по всему, медицинские операции по-прежнему будут делать хирурги очно, а не дистанционно…

И, конечно же, вы хотели узнать, почему эта история называется "Трайдент", по-русски "Трезубец". В кабинете Дэйва висел большой плакат с изображением американской атомной подводной лодки "Трайдент" класса "Огайо". Однажды я указал на этот плакат и спросил, служил ли он на этой подводной лодке.

Он сказал: "Да, я был оператором запуска ракет, и у меня на экране было три цели — Москва, Ленинград и *Киев* ".

* * *

EXID

После чернобыльской аварии в 1986 году я стал экспертом в изготовлении счетчиков Гейгера для измерения уровней альфа/бета частиц и гамма-лучей. Это была очень увлекательная инженерная работа, но, к сожалению, единственными устройствами, доступными для сравнения, были огромные счетчики Гейгера военного типа советской разработки примерно 1960 года. Я знал, что в США и Японии производят гораздо более портативные устройства, но у меня не было возможности получить их в руки. Так что мне пришлось все изобретать самому. Примерно через год я разработал прибор размером с пачку сигарет, работающий от одной батарейки 1.5 Вольт в течение сотни часов. Это было замечательно, и я искал способ сделать из этого бизнес.

Примерно в то же время усилиями Горбачева, СССР начал разваливаться, а монополия государства на средства производства становилась все слабее и слабее. Предприниматели начали создавать небольшие компании, называемые «кооперативами», пытаясь внедрить новые идеи и товары. Некоторые из новых финансовых компаний только что получили доступ к деньгам и искали идеи для инвестирования. Сейчас это звучит довольно обыденно, но тогда — это был революционный шаг после пятидесяти лет застоя. Я присоединился к молодому кооперативу под названием ИДЕХ, аббревиатура из двух первых букв двух слов: "Идея" и "Эксперимент", где мы решили взять одну из моих моделей счетчика Гейгера и запустить ее в серийное производство на одном из киевских военных заводов, которому в то время было приказано заработать не менее 50% своих доходов на потребительском рынке. За работу в этом кооперативе мне предложили приличные деньги — больше, чем я зарабатывал, работая старшим научным сотрудником в ИПАН. Это было неожиданно, денег в кооперативе мы ещё не заработали, так как не было продукта на рынке. И, зная русское понимание "этики", мне следовало бы быть более осторожным. Но я был глубоко погружен в проектирование электрической схемы и особо не задумывался об остальном. Когда пришло время получать первый чек, извините, чеков у нас не было — все зарплаты выплачивались наличными, начальник кооператива попросил половину денег вернуть! Это была пирамидальная схема, с которой я уже сталкивался в других местах— сотрудникам низшего звена давали более высокие зарплаты или премии (на бумаге), которыми они должны были поделиться со своим начальством, которое в первую очередь распределяло деньги. Таким образом, те, кто был на вершине пирамиды, получили огромные неучтенные доходы, которые было невозможно отследить.

Я сделал несколько прототипов и вместе с одним коллегой работал над спецификациями, выбором деталей и оптимизацией конструкции. До начала производства оставалось шесть месяцев, когда мне пришлось свернуть всю свою инженерную деятельность. В то время я наконец получил выездную визу, и моя семья готовилась эмигрировать из СССР. У меня было предчувствие, что я никогда не буду заниматься работой по производству счетчиков Гейгера, поэтому я собрал все свои схемы, чертежи и прототипы, отдал их своему партнеру и пожелал ему удачи в создании отличного продукта самостоятельно. Затем я попрощался со всеми и приступил к захватывающей деятельности по сворачиванию своей старой жизни и подготовке к совершенно новой жизни в США.

Приехав в США в 1990 году, я сразу начал искать работу. В районе Boston была самая высокая в США концентрация университетов и Hi-Tech компаний, поэтому мои шансы найти подходящее место казались высокими. К сожалению, это было время депрессии: университеты приостановили прием на работу, а производственные компании боролись с падением продаж за счет сокращения рабочей силы и всех второстепенных расходов. Я помню, как шел по главной улице в Watertown (пригород Boston) — каждый второй магазин или бизнес был пуст, что свидетельствовало о сильном экономическом спаде. После шести месяцев бесплодных поисков я согласился на почасовую работу с минимальной оплатой, просто чтобы держать семью на плаву, но все равно искал любую возможность.

Однажды кто-то познакомил меня с доцентом из Boston College по имени Крис. Когда я пришел в его захламленную лабораторию, его первыми словами были: "У меня нет для тебя работы, но у меня есть задача. Хочешь попробовать?" Ну, мне нравились задачи, особенно по физике, поэтому я согласился. В тот день мы начали сотрудничество, которое продолжалось десять лет. Проблема, с которой Крису нужна была помощь, на самом деле была проста (дьявол был в деталях): если вы быстро нагреете любую полупроводниковую пластину микроволновой (МВ) энергией, а затем сделаете ее инфракрасное (ИК) изображение, вы сможете увидеть полупроводниковую структуру внутри пластины. Итак, Крису нужно было устройство, способное нагревать, а затем — ИК-камера для фотографирования.

Идея мне понравилась, и я сразу приступил к работе. В мусорном контейнере перед домом, где моя семья снимала квартиру, я заметил микроволновую печку Kenmore. Печка не работала, поэтому кто-то её выбросил. Я починил её, просто закоротив один из защитных контакторов в дверце, а затем сделал блок питания для изменения напряжения на магнетроне. Затем я просверлил отверстие во входной дверце и установил волновод из металлической трубки, чтобы позволить излучению выходить – и мы приступили к делу. Конечно, мы приняли множество мер предосторожности, чтобы не подвергнуться МВ облучению — мощность магнетрона составляла около одного киловатта!

Проблему с ИК-камерой мы решили творчески. В районе Boston была компания, ведущая в области ИК-изображений. Он находился в Billerica, и один из их торговых представителей согласился одолжить нам свою демонстрационную камеру для экспериментов. Но у нас не было денег, чтобы заплатить ему. Итак, мы создали новую коммерческую организацию под названием EXID и передали ему процент наших акций. Мы использовали этот метод снова и снова — каждый новый член нашей компании получал процент в зависимости от нашего понимания его вклада в общее дело. Название EXID я взял из своего предыдущего киевского "стартапа" IDEX, просто поменяв местами слоги.

Итак, два раза в неделю я ездил к дому продавца ИК-камер, где мы размещали нашу МВ-печь с сопутствующей электроникой. Нам удалось сфотографировать эффект, показав вещи, невидимые невооруженным глазом, и это воодушевило. Но наша установка была очень хлипкой и требовала множества доработок: она была чувствительна к любым изменениям температуры, в том числе к движению воздуха в помещении, имела плохую воспроизводимость, низкое разрешение и так далее, и тому подобное. Поэтому нам нужен был более профессиональный подход. Кроме того, нам требовалась оптимизация источника МВ излучения — нечто лучшее, чем моя нехитрая домашняя МВ печка.

Мы нашли одного опытного инженера-консультанта по МВ технологии, который согласился обсудить с нами наши проблемы. На первой встрече он сказал, что для выполнения какой-либо значимой работы ему нужен сетевой анализатор, известный МВ-прибор стоимостью около 100 тысяч долларов. Мы поблагодарили его и разошлись — если бы у меня был этот прибор или если бы у нас были деньги на его аренду, мне бы не понадобились его услуги… Следующим шагом мы перенесли нашу лабораторию на территорию компании для приема ИК-изображения. У них пустовало 40% здания, и они были готовы сдать нам одну большую комнату с ИК-камерой, но не бесплатно. Они хотели, чтобы мы подписали договор аренды, что меня очень пугало. Не будучи юристом, я все же очень рано понял, что хорошие юристы, несмотря на свою дороговизну, в конечном итоге могут сэкономить своим клиентам гораздо больше. Итак, мы наняли отличного юриста и потратили почти месяц на переговоры по кредитному договору и ответственности обеих сторон в случае успешного развития технологий, а также, что еще более важно, в случае полного провала бизнеса. Наш контракт был настолько хорош, что в случае нахождения бизнес-партнера для покупки нашей технологии погашение было бы очень доступным, а в противном случае — мы бы ничего не были должны! Это была наша страховка от полной финансовой катастрофы, которая могла разрушить наши семьи.

Спустя почти год мы добились некоторого прогресса. Но для того, чтобы сделать что-то подходящее для рекламы реальным бизнес-заказчикам, нам нужна была автоматизация — все промышленные системы того времени использовали тот или иной программный контроль и анализ. Итак, мы наняли еще несколько человек — одного ученого-материаловеда, другого программиста, и общими усилиями мы создали систему, работающую автоматически, так что, по крайней мере, на фронте измерений у нас был воспроизводимый прибор. Но наши результаты по-прежнему были неточны. Мы обнаружили, что ИК-камера сама по себе недостаточно стабильна и очень восприимчива к энергии МВ. Последнюю проблему мы решили, сделав снимки после МВ-воздействия, но нам все равно требовались улучшения.

Нам потребовался еще год, чтобы реализовать, спроектировать и построить следующее поколение системы с использованием XY-позиционера с цифровым управлением, который позволял точно и повторяемо сканировать пластины под полным компьютерным контролем. Мы нашли еще одну компанию в Boston, которая производила такие системы, используя огромную тяжелую мраморную плиту, идеально плоскую, создавая устойчивую основу для всей машины. Позиционер XY представлял собой современную механическую систему с очень хорошими механическими параметрами. Мы привезли туда наше оборудование, создали впечатляющий макет системы для рекламы и сделали отличные фотографии. Теперь у нас были все рекламные материалы, и мы были готовы отправиться в мир в поисках проблемы, для которой мы создали решение.

Нашими первыми кандидатами были компании по производству полупроводников, и их было несколько по шоссе 128 в районе Boston. Мы договорились о встрече и встретились с вице-президентом по разработке в одном из них. Нашим главным вопросом было: «Как вы контролируете однородность ваших пластин?» Он сказал: «Используя четырех зондовый метод». В этом деструктивном контактном методе использовались четыре металлические иглы, которые касались пластины и измеряли ее сопротивление — показатель однородности. Мы сказали: «Ага! Мы можем предложить вам бесконтактный метод!» Мы думали, что он подпрыгнет от радости после нашего предложения. Но он спросил: «В чем преимущество вашего метода?» Мы объяснили, что, не трогая пластину, мы сэкономим ему драгоценные материалы. Мы были наивны, не зная, что на всех пластинах есть крошечные тестовые площадки, специально сделанные для контроля процесса, эти участки потом вырезали и выбрасывали. А потом он спросил нас о пространственном разрешении нашего метода... Это был убийственный вопрос: по законам физики мы не могли разрешить подробные детали размером менее 10-20 микрометров; оптические технологии были способны разрешать размеры в тридцать раз меньшие. У нас был долгий разговор о возможных улучшениях нашей машины, требующих вложения не менее 500 тысяч долларов, а затем он прервал нас: «Когда вы улучшите свою технологию, приходите снова, я взгляну на вашу систему еще раз». Мы были в отчаянии: у нас не было денег, чтобы улучшить нашу машину, но, не сделав ее лучше, лидеры промышленности не воспринимали нас всерьез - тупик. В течение следующих шести месяцев мы пытались получить правительственный грант SBIR, даваемый на научные исследования малого бизнеса, но, конечно, нам было отказано. Тогда я еще не знал, что получение денег SBIR — это отдельный особый бизнес, в котором одни компании преуспевают, а другие — вообще не имеют шансов.

Тем не менее, мы наняли патентного адвоката и запатентовали наше изобретение технологии и метода. По крайней мере, теперь у нас была интеллектуальная собственность, которая имела некоторую ценность — хорошая помощь в разработке любой технологии. Примерно через год, когда наша заявка на патент была опубликована, нам позвонила какая-то компания из Техаса и предложила встретиться, чтобы обсудить применение нашего метода. Это было интересно, и мы согласились организовать эту встречу и показать им нашу систему. Через две недели в Boston приехала команда гостей из трёх человек. Забавно то, чем они занимались: это была компания, занимавшаяся лотереями, в ходе которых они печатали сотни тысяч открыток и конвертов, которые рассылались игрокам по почте. После получения этих конвертов обратно их должны были открыть и прочитать выбранные ответы. Это требовало много времени и требовало много людей. Идея этой компании заключалась в том, чтобы автоматически считывать ответы в конвертах, не открывая конвертов. Когда они увидели наш патент, они поняли, что если использовать проводящую краску, то можно будет облучить конверты МВ и прочитать содержимое карточки с помощью ИК-камеры *через* конвертную бумагу. Чего они не знали, так это - возможно-ли прочтение конвертов через бумагу, технические параметры системы и физические свойства необходимой проводящей краски. Итак, они обратились к нам за помощью, чтобы это выяснить.

Должен вам сказать, это был курс «Глупость 101», и я и мои коллеги его провалили. При первой встрече нам дали «Соглашение о неразглашении», и мы его подписали... О чем в нём говорилось, мы поняли гораздо позже, когда наши гости запатентовали применение нашей технологии для своего бизнеса, не включая и даже не упоминая нас. Но мы были первыми, кто доказал, что конверты действительно можно читать сквозь бумагу. Мы сделали это в нашей лаборатории. И мы указали необходимые параметры системы, чтобы это произошло. Согласно патентному законодательству США, ни одна идея не может быть запатентована, если она не доказана экспериментально и не описана настолько подробно, что «специалисты в данной области техники» могут ее воспроизвести. Наши результаты были использованы или просто украдены. Вначале наши «партнеры» предложили продать им патент. Это был справедливый подход, и мы сделали оценку нашего патента, приняв во внимание годы, потраченные на разработку технологии. Когда у нас была финальная встреча, они предложили купить у нас патент за 5000 долларов. Это было так смешно, что я сказал нашим гостям, что за годы этой работы я потратил больше денег на бензин для своей машины, приезжая в нашу лабораторию. Я не знаю, внедрила ли эта компания нашу технологию в свою работу или нет — меня это не волновало. Урок был усвоен: годы спустя у меня была очень похожая ситуация, и я больше никогда не совершал той же ошибки.

В конце концов эта работа зашла в тупик. Крис полностью погрузился в новую область бизнеса терагерцевых технологий, а я основал свою компанию по производству приборов для измерения напряженности радиочастотных полей. Итак, мы отдали все наши акции третьему партнеру и формально закрыли компанию. Моим единственным приобретением за эти годы был опыт и тренировка. Мы исследовали множество направлений как в технологиях, так и в бизнесе, и тот факт, что все они в конечном итоге завели нас в тупик, не означает, что мы потратили время зря. Просто это была наша высокая цена за обучение. Интересно, что с тех пор, как мы закрыли EXID, я ни разу не видел Криса и даже не разговаривал с ним. Видимо, друг для друга мы были напоминанием о наших прошлых ошибках и неудачах, поэтому держаться в стороне друг от друга было нашей попыткой забыть это раз и навсегда.

* * *

ЛИЦЕМЕРИЕ

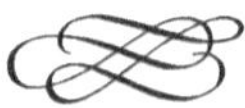

Я считаю, что *лицемерие* – худшая человеческая черта. Оксфордский словарь определяет *лицемерие* как «практику утверждения о наличии моральных стандартов или убеждений, которым не соответствует собственное поведение». Я слышал утверждения, что худшая человеческая черта — трусость. Я уверен, это не так. Трусость — естественная, присущая каждому живому существу черта — защищать свою жизнь и избегать любой опасной ситуации, угрожающей ей. Мужество у людей развивается в результате усилий и тренировок, поэтому мы видим полный спектр поведения: от боязливых трусов – до бесстрашных героев.

Лицемерие это другое: никто не рождается лицемером. Лицемерие — это сознательная или подсознательная завеса, которую кто-то надевает на свои действия, чтобы игнорировать моральные последствия своих действий, избежать критического самоосуждения, чтобы чувствовать себя хорошо. И, столкнувшись с реальными результатами своих действий, большинство лицемеров чувствуют себя по-настоящему обиженными — они не узнают себя в этих примерах. Лицемерие очень часто предполагает двойные стандарты поведения и суждений — один для себя, другой для всех остальных.

В течение первого года пребывания моей семьи в США нас поддерживала Реформистская синагога в Lexington. Их община состояла из профессиональных евреев среднего класса, определенно добившихся успеха в жизни — Lexington был престижным городом, жить там было приятно и это, видимо, давало им некоторое чувство превосходства. Мы сняли квартиру в соседнем Waltham — она оказалась гораздо доступнее. Дети были более нетерпимы, чем взрослые: они еще учились скрывать свои чувства и только осваивали основы лицемерия, прививаемого обществом и школами, которые они посещали. Однажды наш старший сын Костя, которому тогда было 12 лет, вернулся из Воскресной школы при синагоге и сказал: «Я больше туда не пойду». После трудного разговора мы поняли, что дети в школе смотрят на него с пренебрежением: ты кто - бедный иммигрант из ниоткуда... Я не могу привести точное выражение; не важно, такое же отношение я чувствовал и со стороны некоторых взрослых членов синагоги, но оно было скрыто и замаскировано дружелюбной, лицемерной улыбкой.

Одна из семей была семьей врача, они жили недалеко от центра Lexington, и мы время от времени общались с ними. Мы оба бегали трусцой, а однажды даже сделали это вместе. С этим врачом я долго беседовал — несмотря на разные профессии, у нас было довольно много общего. И, конечно же, я рассказал ему о своей новой замечательной работе, к которой собирался приступить. Все это время я ездил на старой, ржавой машине, которая ломалась каждый месяц. Но с моей новой работой, требующей ежедневно проезжать более 40 миль, я не мог позволить себе застрять на Масс-Пайке со сломанной машиной и опоздать на работу. Итак, покупка на мою первую зарплату была — новая машина Toyota Camry.

На следующих выходных мы пришли к этому доктору на субботний ужин, и я с гордостью рассказал им о нашей первой крупной покупке. Я сказал: «Мы купили новую машину!» Они пошли с нами на улицу посмотреть на нее и увидели мою новую блестящую Camry. Жена доктора остолбенела и воскликнула: «Новую?!» Ее интонация и выражение лица были безошибочными: *Ты смел купить такую хорошую новую машину - даже лучше, чем у нас?! На твоём месте тебе следует быть скромнее и ездить на подержанном автомобиле.* Она не сомневалась, что машина такого класса подойдет *им,* но для *нас* — она была намного выше нашего социального уровня и зарплаты, вторгаясь в их социальный уровень, к которому мы не принадлежали. Это лицемерие...

Я сидел на собрании общины, на котором раввин почти час говорил о смешанных браках между евреями и не евреями. Он страстно описывал, как эти браки разрушают и убивают еврейское самосознание, как они разрушают саму основу еврейской семьи — краеугольного камня жизни всего еврейского народа. В зале стояла полная тишина, люди даже не смотрели друг на друга. Я оглянулся — я узнал лица многих людей, которых знал лично — половина из них были женаты на не евреях или имели детей от браков с супругами нееврейской веры. И они молчали. Раввин обвинял их во всех возможных грехах, и они принимали это безразлично. Они сделали вид, что это к ним не относится! Это было лицемерие.

Я даже не говорю о так называемых «еврейских свадьбах», которые сегодня могут провести раввины-реформисты между любыми двумя людьми — независимо от их веры и даже пола, просто заплатите деньги, и вы получите еврейское свидетельство о браке! Кстати, раввин сам по себе может быть мужчиной или женщиной, и его статус еврейского раввина мог быть присвоен каким-нибудь заочным институтом типа «Университета Феникса». Трудно придумать более отвратительное лицемерие.

Следующий пример я не придумал: одна женщина, жена одного из выбранных попечителей синагоги, в разговоре со мной сказала: «Мы патриоты!» Когда я попросил ее объяснить, в чем заключается их патриотизм, она сказала: «Мы покупаем новую мебель каждые четыре года!» Это было лицемерие.

В той же общине в конце каждой проповеди звучало традиционное пожелание – тысячелетняя пожелание евреев вернуться на свою родину – в Израиль: «На следующий год - в Иерусалиме!» Те, кто жил в США и хотел переехать жить в Иерусалим, могли сделать это в любое время. Но живя в США и механически повторять «Следующий год - в Иерусалиме!» это лицемерие!

Многие члены общины чувствовали то же самое, поэтому их раввин придумал «Отпуск *в следующем году* - в Иерусалиме». Для меня это отвратительная пародия.

Я помню еще одну встречу, когда синагога пригласила сенатора-демократа обсудить пресловутое «решение двух государств» израильско-палестинской проблемы. Целых два часа группа левых психов на сцене обсуждала способы «решения» несуществующей проблемы "двух народов": есть только один народ — евреи Израиля, построившие свое государство посреди болот и пустыни и превратившие её в самое процветающее демократическое государство на Ближнем Востоке. Другой стороной были просто мусульмане со всего Ближнего Востока, собравшиеся вместе, потому что все остальные мусульманские страны *отказались их принять*, и эти варвары уже более 50 лет зарабатывали на жизнь, убивая евреев, прося у мира халявных денег и ничего не делая, кроме использования этих денег на оружие, взрывчатку и террористическую деятельность. И ни один член собрания не встал и не сказал: «Прекратите этот бессмысленный разговор, нет такого народа, как палестинцы, но если бы они действительно хотели мира, то уже давно бы был мир». И в этом было лицемерие.

В 2002 году мусульманский террорист взорвал в Иерусалиме автобус полный людей. Это дикое злодеяние имело большой резонанс во всем мире. Я участвовал в многотысячном митинге в Boston. Митинг начался на площади Copley, а затем продолжился до правительственного центра города, где состоялся большой митинг, выражавший гнев народа, соболезнования убитым и выражение поддержки Государству Израиль. Рядом стоял этот черный, сожженный автобус без окон, привезенный на всеобщее обозрение из Израиля — чтобы каждый мог увидеть реальность терроризма против невинных людей. На стене автобуса висели фотографии всех людей, убитых этими мусульманскими варварами.

Накануне я позвонил нашему другу Алану, который был нашим покровителем в синагоге и одним из её попечителей, и спросил его, будет ли он и его жена на митинге. Он сказал - нет. Когда я спросил: «Почему?» Он ответил, что их раввин велел всем членам синагоге не участвовать в этом ралли(?!). Это было последней каплей — мы навсегда покинули эту общину. Если эти евреи-реформисты против митинга в поддержку Государства Израиль, мы не имеем с ними ничего общего!

На этом митинге я встретил раввина Консервативной синагоги в Newton и поделился с ним своими мыслями. Он меня прекрасно понял и без всякой подсказки сказал: «Они слишком левые?» Да, он был прав.

Моя семья и наши родители никогда не придерживались еврейских традиций в СССР — коммунистический режим был жестоко нетерпим к любому выражению еврейской веры. Несмотря на отсутствие еврейской среды, мы всегда ощущали себя частью еврейского народа, к счастью, стойкий советский антисемитизм не позволил нам забыть об этом. В отличие от этого, в США большинство евреев, с которыми мы имели дело, считали себя *очень евреями*. Они посещали синагогу несколько раз в году во время праздников, могли прочитать несколько отрывков из Торы, и многие из них действительно получили еврейское воспитание. Но если присмотреться, большинство из них исповедуют так называемый «кулинарный иудаизм», который не дает им никакого морального превосходства над остальными и если некоторые из них верят, что это дает — это лицемерие.

Когда мою семью пригласили присоединиться к общине

Реформистский синагоги, это была *мицва*. Мы искренне думали, что лидеры синагоги сделали это *для нас*. Они помогли нам выбраться из злобного СССР и переселиться в США. И мы думали, что они это сделали, потому что мы были евреями, «избранным народом», избранным, к сожалению, на страдания, скитаясь по земному шару тысячи лет... Но дальнейшие события показали нам, что они сделали это только *для того*, чтобы чувствовать *себя* хорошо – лелеять собственное самолюбие. Классическое определение нарцисса-лицемера. Почему?

Массовая еврейская иммиграция 90-х годов подошла к концу. Империя СССР превратилась из коммунистического лагеря для народа в управляемое мафией нефтяное королевство третьего мира с ракетами. А в США вторглась легальная и нелегальная иммиграция со всего мира, включая мусульманские страны Ближнего Востока, открыто борющиеся против евреев, Государства Израиль и США, стоящих на их пути к мировому господству. И угадайте что? Та же Реформистская еврейская синагога снова находится на переднем краю, помогая этим врагам переселиться и адаптироваться в США... Что может быть ужаснее? Еврейские лидеры синагоги с комфортом забыли, что эти *люди* поклялись перерезать *им* глотки, когда придет подходящее время. Какое самоубийственное лицемерие...

Пока я пишу эту историю, Государство Израиль переживает самую драматическую трагедию со времен войны Судного дня 1978 года. 7 октября 2023 года палестинские варвары во главе с Хамасом вторглись в Израиль, убив тысячи мужчин, женщин и стариков. и детей, ранив во много раз больше, оставив после себя сотни убитых мальчиков и девочек, десятки обезглавленных детей, выставив напоказ годовалых младенцев в клетках для животных, тела убитых родителей, бабушек и дедушек, захватив и убив — и все это финансировалось, обучалось и направлялось Ираном и Россией, пытающихся дестабилизировать мир, отвлечь внимание от российских зверств на Украине, обогащаясь при этом кровавыми нефтяными деньгами. Это не лицемерие! Сегодня это чистое средневековое варварство.

За неделю до вторжения Хамаса администрация Байдена в США с одобрения Демократической партии выделила Ирану 6 миллиардов долларов США, дав зеленый свет этим военным действиям Хамаса. Через три дня после вторжения Байден выступил в поддержку Израиля. Я подумал, что это худшее лицемерие из всех. Но уже через неделю Байден и его администрация вынудили себя пригласить приехать в Израиль и потребовали от Израиля под угрозой прекращения военных поставок - не уничтожать этот анклав терроризма. После этого Байден заявил, что США дадут дополнительно 100 миллионов наших *долларов*, угадайте кому? Израилю? - Нет, Хамасу!

* * *

АМЕРИКАНСКАЯ МЕЧТА

Вы когда-нибудь покупали дом? В сорок лет я это сделал! И это был потрясающий опыт. Но все по порядку.

Мы жили в городе Waltham, красивом пригороде Boston, выбранном из-за его достойной репутации, большого количества арендуемых домов и близости к нашим друзьям, живущим в Lexington и вокруг. После того, как я устроился на постоянную работу, мы начали задумываться о том, чтобы иметь свой дом — это была американская мечта. Я подошел к этой задаче как учёный. Я купил карту Boston и отметил все наши важные места. Место моей работы, расположение наших друзей, крупные культурные заведения, несколько крупных госпиталей (на всякий случай), несколько лучших научных центров и известных городов с хорошими школами. Затем я попытался найти центр «массы» этой системы. Он упал на город Newton. Это было здорово, мы любили Newton — Newton граничил с Waltham, поэтому мы были знакомы с его географией.

Но мы никогда не жили в доме (я имею в виду — в доме на одну семью), всегда в многоквартирном доме. Итак, я решил, прежде чем мы начнем искать дом для покупки, арендовать его, посмотреть, что нужно, чтобы там жить. Мы посетили полдюжины доступных домов и арендовали один. Дом находился на тихой улице, имел Colonial стиль на две семьи, и наша квартира находилась на первом этаже. В доме также был подвал-гараж, расположенный ниже уровня земли, к которому с уровня улицы вела подъездная дорога. Как мы выяснили, подвал не использовался как гараж — в нем стояла домашняя котельная, работавшая на солярке, и лежала большая куча деревянных поддонов, назначение которых я узнал гораздо позже, когда мы попали в сезон дождей и тающего снега.

Поначалу мы были очень довольны: у наших детей было больше места, территория вокруг дома была зеленой, люди дружелюбные, у нас был балкон на уровне земли для гриля, наш кот Вася свободно гулял сам, была отличная детская площадка неподалеку для нашего маленького сына Саши — мы даже участвовали в совместных усилиях по её восстановлению. Проблемы началось позже, в сезон дождей: наш подвал был полностью затоплен уличной водой до глубины около 4 дюймов. Поэтому там были поддоны — мы поставили их на пол, сделав приподнятый пол для вещей, которые там хранили. Ну, это было только начало. Когда температура упала, мне приходилось постоянно следить за уровнем топлива в котле — если я пропущу его доливку, мы рисковали остаться без тепла. Но где-то в феврале температура существенно упала, поэтому однажды ночью я проснулся в 3 часа ночи в доме было холодно! Наши батареи были холодными. Я взял фонарик и пошел в подвал — котел не работал. Проверил уровень топлива — все в порядке. После дальнейшего изучения я понял, что в котле нет воды! Я открыл кран, наполнил котел - отопление включилось. Утром бак котла снова оказался пуст! Спасибо за науку — в этой системе отсутствовал *автоматический заправочный клапан.*

За девять месяцев нашей аренды я узнал массу полезной информации о доме, а также о том, что нам нравится и не нравится. Теперь мы были готовы к основной охоте! Очень быстро я понял, что хорошие дома в Newton стоят намного выше моих возможностей — не потому, что я не смогу заплатить банку по ипотеке, а потому, что банки изначально не дадут мне такой займ. Но дома по более доступным ценам были либо слишком малы, не имели вообще земли, либо имели дефекты, делавшие их непригодными. Помню один хороший дом возле городской библиотеки, с подозрительно низкой ценой. Зашёл на день открытых дверей и был всем впечатлен, недоумевая, а почему цена такая низкая? Потом я шагнул в подвал, и правда открылась: вся стена дома, находящаяся под землей, выступала в подвал, продавленная на глубину три фута. Могу только представить, что сделалось с конструкцией дома за эти годы.

В течение следующих двух недель я проводил выходные, осматривая разные дома, постепенно придя к выводу, что Newton не для нас. Однажды я нашел объявление о продаже частного дома в стиле Tudor в очень красивом районе, недалеко от того места где мы жили. Цена была высокой, но вполне доступной.

Я решил посмотреть. Когда я вошел в этот дом, первым ощущением, которое я почувствовал, был запах, исходящий, по-видимому, от ковра в гостиной. На мой вопрос о причинах брокер сообщила мне, что этот дом сдавался студентам, а их хобби было — пивоварение. Это объясняло запах, но все же не делало его терпимым. Дальнейшее исследование показало, что кухня в доме имела стены с ковровым покрытием, а потолок был темно-серый с флуоресцентными звездами. Я никогда не видел ковровых покрытий на кухне, но в этом доме ковровое покрытие было и в ванной комнате на первом этаже (!). Какая дьявольская фантазия это сделала? Внешний вид этого дома был довольно неприглядный, все окна нуждались в ремонте, а весь интерьер имел старинный вид, безошибочно подсказывающий мне, что обои были наклеены тогда, когда этот дом был построен — около шестидесяти лет назад. Я прикинул объем работы, которую мне придется проделать, чтобы сделать его пригодным для жизни, и у меня было сильнейшее желание покинуть его как можно скорее.

Я пришел домой и вкратце рассказал жене Ларисе о последнем посещении. К моему большому удивлению, она изъявила желание посмотреть дом! Хорошо, я позвонил брокеру и договорился о второй встрече. На следующий день мы снова посетили этот дом. Лариса огляделась и сказала: «Мне нравится!»

Никогда не недооценивайте женскую интуицию! Иногда это раскрывает нечто большее, чем просто разум и логику мужчины. Я шел по дому, пытаясь осмотреться *ее* глазами. Там было два этажа, масса комнат — со спальней для всех и даже одной для моего будущего офиса. У нас никогда не было ничего такого масштаба — это был дворец, превосходящий любое воображение. Мы вышли на задний двор. Он был зеленый, окруженный высокими деревьями, глубоко внутри находился гараж. Посреди двора стоял одинокий табурет. Инстинктивно я сел на табурет и глубоко вздохнул. Что-то произошло: я оказался в уединённом микромире со своим климатом, все уличные звуки заглушались самим домом и зеленью вокруг. Это был маленький кусочек рая. Этот дом продался нам, и мы теперь были его заложниками.

Я сказал брокеру, что вернусь, и через два дня приехал со своим другом Дмитрием, чтобы поближе посмотреть на конструкцию дома. Дмитрий был инженером-механиком, он приехал в США задолго до меня и лучше знал, на что смотреть. Он был вооружен металлическим штырем. Сначала он поднялся на чердак, где ковырялся в деревянных стропилах, сделанных из длинных досок красноватого дерева, твердых и высохших, каких я никогда раньше не видел. Затем он спустился в подвал, осматривая трубы, стены и горизонтальные балки, которые поддерживали вес всего дома. Его окончательный вердикт был — это отличный, прочный дом. Затем мы еще раз прошлись с ним по дому — сверху вниз, внутри и снаружи, и я составил список проблем ремонта, которые требовали внимания. В течение следующей недели я связался с несколькими подрядчиками и получил оценку стоимости всего, что требовало ремонта или замены.

Вы, возможно, задаетесь вопросом: почему дом ждал так долго? Да, для продавцов жилья это были плохие времена — депрессия, предприятия закрывались, компании увольняли сотрудников, банковские проценты были очень высокими — клиентов на рынке на покупку домов было не так много. Все это сыграло в мою пользу. Поэтому я составил список абсолютно необходимых ремонтов, сложил их стоимость и получил цифру, равную почти 25% от продажной цены. Исходя из этого, я вычел ее из цены продажи, и мы сделали предложение! Если вдуматься — это был блестящий ход: дом довольно долго стоял на рынке, но мы занизили цену и дали для этого основание.

Через три дня мне позвонила брокер и сообщила, что продавец принял наше предложение. Я был даже удивлен; Я даже не думал, что он так быстро согласится. Брокер добавила, что продавец пригласил своего подрядчика и просмотрел с ним весь дом, имея на руках мой список. Подрядчик подтвердил правильность моей оценки затрат на ремонт. Итак, теперь у нас была очень разумная цена, и нам надо было взять ипотеку. Не забывайте, что мы жили в США всего три года, кредитная история у нас была короткая, а сбережения были довольно небольшими. И банк предложил нам грабительский кредит на 30 лет под огромные проценты. Я не боялся — я знал, что этот высокий процент не будет длиться вечно, периоды депрессии и быстрого экономического развития приходят и уходят циклично, поэтому я смогу перефинансировать в будущем.

Между прочим, я перефинансировал пять раз, прежде чем мы наконец расплатились за этот дом через двадцать лет. Но это будет в будущем; в этот момент мы приступили к оформлению документов, ожидая даты закрытия продажи. Наше финансовое положение было следующим: у меня была хорошая работа инженера-электрика в аудиокомпании, но стаж у меня был всего около года, а Лариса работала фельдшером. Мы жили на те деньги, которые я зарабатывал, сохраняя при этом все доходы Ларисы на своем сберегательном счету. Этого было достаточно, чтобы внести первоначальный взнос. Когда я выписал и передал брокеру чек на первоначальный взнос, я был впечатлен — никогда раньше я не выписывал чек на такую большую сумму денег. Да и дома я никогда раньше не покупал. Были начаты юридические дела, среди всех документов (кипа их была толщиной около двух дюймов) был проведен поиск на право собственности, чтобы выяснить, имеет ли этот дом чистый титул, и, как мы и ожидали, право собственности было признано чистым.

Каждый день мы проходили мимо этого дома, представляя, что живем там. Шли дни, и примерно за две недели до закрытия нам позвонила брокер и сообщила, что мы не можем завершить продажу, поскольку у дома сменился владелец (?!). Продавец дома оказался родственником мэра соседнего города. У него были некоторый вес и связи, и последние несколько лет он сдавал дом в аренду, собирал плату, но не платил ипотеку в банке! Как ему удалось, я понятия не имею, но, когда он попытался продать дом, банк опомнился и сразу же лишил его права собственности, заявив свои права. Сейчас у дома есть покупатели (я и Лариса), но сменился хозяин. И все наши договоренности о цене продажи недействительны.

Теперь у банка было два варианта: первый - выставить дом обратно на рынок в поисках покупателя, предлагающего более высокую цену, или второй - договориться об уже установленной цене и продать этот дом нам. Конечно, мы хотели второй вариант, и брокер по продаже теперь тоже была на нашей стороне, потому что, если бы банк снова выставил дом на продажу, она не стала бы брокером: ипотечный банк был из Калифорнии и ее шансы получить эту работу во второй раз были близки к нулю.

Когда я разговаривал с брокером после того, как мы уже купили дом, она сказала мне, что ей нужно было убедить служащего банка в том, что продажная цена дома является справедливой. Судя по состоянию дома, района, где был расположен дом и сравнению цен на соседние дома, ей не поверили! Ей пришлось выделить все недостатки дома, чтобы снизить цену продажи до той, которую мы уже согласились заплатить. Могу поспорить, что это был первый случай в ее долгой профессиональной жизни, когда ей пришлось играть на обе стороны при продаже одного дома. Она была умной, опытной и еврейкой, и ей очень надоел этот дом, на продажу которого ушло в три раза больше времени, чем обычно. В итоге она выиграла, банк согласился, и наши нанятые юристы приступили к подготовке нового пакета документов на продажу дома. Была назначена вторая дата закрытия продажи.

Вы можете подумать, что мы закончили? Ха-ха! Не так быстро. Как сказал в одной из своих песен мой друг, поэт и музыкант Борис Бляхман: «Вот это и есть счастье! Но это еврейское счастье!». За неделю до закрытия мне опять позвонила брокер и сказала: «Извините, но есть небольшая проблема: дом находится под залогом в размере 100 тысяч долларов». Для тех, кто не знает жаргона недвижимости, залоговое удержание — это финансовое требование какого-либо лица против права собственности на дом. Это происходит, например, когда кто-то продает дом без полностью выплаченной ипотеки (истцом является банк) или это может быть какой-то подрядчик, который ремонтировал дом, не получил удовлетворительной оплаты. Возможен и третий вариант: кто-то одалживает домовладельцу деньги под вексель, чтобы вернуть долг при продаже дома. Так было и в нашем случае: тот же мошенник, который не выплатил ипотеку (и в конце концов потерял дом), также не собирался возвращать деньги своему бывшему вкладчику.

Брокер сказала мне: «Не волнуйтесь, вы заплатили за страховку титула — она вас покроет, так что вы сможете купить дом даже без чистого титула». И вот мое жизненное правило в действии: никогда не влюбляйся то, что пока не имеешь! Я был непреклонен и сказал: «Если на дом есть залог, его надо снять, иначе я выхожу из игры!» Я знал, что у банка не было выбора: они вернули себе дом и теперь несли ответственность за уплату долга. Забавно, залог принадлежал владельцу местного ресторана в Newton, а теперь он жил во Флориде; банк связался с ним, и они погасили залог. Ему заплатили всю сумму или только часть? — Мне не сказали. Но на следующей неделе мы закрыли продажу. Мы стали хозяевами дома со всеми его хорошими и плохими особенностями, которые я обнаружил за последующие годы. Я взял отпуск и за две недели с помощью Ларисы и Кости мы отремонтировали дом снаружи. Позже я нанял подрядчиков, и они отремонтировали дом внутри. Мы жили там долгое время и в конце продали его, когда я вышел на пенсию, и мы переехали во Флориду.

Всегда был спор: что выгоднее — арендовать дом и вложить оставшиеся в наличии деньги в рынок акций и облигаций или — купить дом, выплатить ипотеку как можно быстрее и в конце концов продать подорожавший дом. Распространенная мудрость была на стороне аренды и инвестирования. Моя интуиция всегда была противоположной: я считал, что владеть домом и вложить все доступные деньги, чтобы выплатить его как можно скорее, было лучшей стратегией. Думаю, я был прав. За последние тридцать лет денежный рынок много раз поднимался и опускался. Цены на дома неуклонно росли. И когда мы продали дом, его продажная цена оказалась в четыре раза выше той цены, за которую мы его купили изначально. Что ж, наш новый дом во Флориде тоже оказался во много раз дороже, чем тот, который мы купили в Newton 30 лет назад.

* * *

СДЕЛАЙ САМ ИЛИ УМРИ

Мое первое утреннее письмо пришло из испытательной лаборатории ЕМС (электромагнитной совместимости) в Германии, куда за две недели до этого мы отправили волноводное радио для тестирования на соответствие европейским требованиям ЕМС. В тестовой лаборатории нам сообщили, что наш продукт провалил тест с большим отклонением от нормы (читай — с треском) и обратились к нам за советом — что мы планируем делать дальше.

Чтобы понять ситуацию, позвольте мне вернуться на несколько месяцев назад. Каждое радио, например, должно было соответствовать множеству требований безопасности, например, никто не должен быть поражен электрическим током или пожар не может возникнуть из-за использования продукта. Это было очевидно. Но были и другие требования, называемые нормативными требованиями, которые являются обязательными: радио не должен создавать проблем для других продуктов из-за создания нежелательного радиочастотного излучения, а также само радио должно было быть невосприимчивым к радиочастотному излучению, создаваемому другими продуктами вокруг, включая радио и телестанции, а также мобильные телефоны. Все это было необходимо для обеспечения хорошего качества потребительской техники на рынке.

Конечно, когда эти нормативные требования распространились по всему миру, каждый законодатель импорта понял, что он может заработать большие деньги, и каждая страна начала вводить свои местные отклонения от нормативных стандартов, чтобы и они тоже могли получить свой кусок пирога!

Самые коварные из них, такие как Китай, использовали нормативные правила для еще более прибыльного бизнеса — для изучения деталей конструкции продукции, чтобы украсть технологию и иметь возможность производить контрафактные копии продукции, вопиющим неуважением к любым международным соглашениям.

В моей компании не было специальной лаборатории по тестированию EMC, поэтому инженеры-электрики разрабатывали новые продукты, а когда они были готовы для производства, их отправляли во внешние лаборатории по тестированию EMC. Если они прошли тесты, это было хорошо, но если нет, то инженеры тестовой лаборатории устраняли неполадки и вносили исправления, помогая продуктам пройти. Конечно, моя компания дорого платила за эти услуги. И это была только половина проблемы: когда продукт вернулся в нашу проектную лабораторию, он содержал дополнительно 30-50 компонентов, помещенных для исправления неудачной конструкции. Эти компоненты увеличили стоимость продукта и задерживали время проектирования, поскольку приходилось перепроектировать платы продукта, чтобы вместить эти новые детали.

Я хотел упростить этот процесс, внедрив правила «Проектирование для ЭМС». Требовалось, чтобы каждый инженер-электрик, производящий новые продукты, знал и применял надлежащие методы проектирования, которые в конечном итоге обеспечивали бы соответствие требованиям EMC. Эта цель была достигнута за счет параллельной работы с каждым инженером-конструктором и их обучения, чтобы гарантировать, что в конце мы пройдем все необходимые испытания на ЕМС. Единственным надежным методом оценки нашего успеха было итоговое тестирование на электромагнитную совместимость. Но в нашей компании не было для этого испытательной лаборатории. Итак, я начал создавать небольшие тестовые установки, которые позволяли мне проводить, по крайней мере, предварительное тестирование, чтобы гарантировать, что, когда наши продукты будут отправлены во внешние тестовые лаборатории, они пройдут с первой попытки.

Наше волноводное радио также было разработано с учетом требований ЕМС, и я протестировал его самостоятельно перед отправкой в Германию. Радио должно было пройти испытания, но протокол испытаний показал обратное. На собрании нашей группы мы спрашивали себя: «Что нам делать?» Мой начальник сказал мне: «Чтобы решить эту проблему, тебе нужно полететь в испытательную лабораторию ЕМС в Германии и посмотреть их испытания». Он был прав: временные рамки проектирования быстро сокращались, и, если возникнут какие-либо дальнейшие задержки, мы поставим под угрозу весь график разработки продукта — роскошь, которую мы не могли себе позволить.

Я никогда не был в такой роли, поэтому загорелся энтузиазмом. И кто мог устоять перед бесплатной поездкой в Европу с благородной миссией спасения программы компании! Лично для меня препятствием было то, что у меня не было паспорта... Получение паспорта обычно занимает 1-3 месяца, в зависимости от загруженности госслужб. Но была экспресс-очередь: наше туристическое бюро купило мне билет на самолет до Munich, Германия, и с этим билетом я поехал в Boston, в центр города, к федеральному зданию Tip O'Neil. Таким образом, я мог подать заявление на получение паспорта утром и получить его в тот же день до закрытия офиса в пять часов. Было здорово! Я подал заявление на получение паспорта и пошел гулять в поисках места, где можно поесть, и наслаждался своим редким свободным временем в Boston, где я редко бываю без большой необходимости.

Позже я вернулся в тот же офис и получил свой первый паспорт США. Мой рейс в Европу был запланирован через два дня! А теперь пора было ехать домой... Я припарковал машину в огромном гараже возле Правительственной площади. *Но где моя машина?* Я знал, где я его припарковал, или, по крайней мере, мне так казалось. Моей новой Toyota Camry там не было. Я сделал еще одну прогулку вверх и вниз, результат тот же... Я вышел из гаража, думая: «Должен ли я сообщить полиции об угоне моей машины?» Потом я убедил себя, что это невозможно. Boston был хорошим городом; проблема была во мне. И я снова пошел наверх, теперь каждые десять секунд нажимая аварийную кнопку пульта управления. И где-то между третьим и четвертым уровнями я услышал знакомый сигнал. Я огляделся — моей машины не было... Я сходил с ума. Звук доносился из-за бетонного барьера с другой стороны. Но как мне туда добраться? Я, видимо, был редким идиотом, не зная, что некоторые гаражи делают двух-заходной спиралью. Моя машина принадлежала другой спирали, и единственным способом добраться до нее было найти соединительный проход между двумя спиралями. Моя машина благополучно ждала меня и мигала всеми фарами, определенно радуясь новой встрече со мной.

Мой рейс в Munich вылетал из New York. Сначала я полетел в аэропорт JFK, затем дождался посадки на большой «Боинг» для перелета через Атлантику. Примерно за час до вылета рейса громкое объявление сообщило нам, что из-за плохих погодных условий наш рейс отменен. Но все пассажиры могли вылететь этим рейсом на *следующий* день в то же время. Ну, я, на самом деле, не расстроился, потому что мой отец жил в New York, поэтому я нанес неожиданный визит — к большой радости всех участников. На следующий вечер я вернулся в аэропорт JFK и наконец сел на самолет. Но не похоже, чтобы он собирался летать в ближайшее время... Спустя час после запланированного вылета, мы все еще сидели на терминале. Что-то пошло не так. В конце концов капитан экипажа включил переговорное устройство: «Над Атлантикой плохая погода, но разрешение на полет есть!» Крепитесь, ребята! Нет, он этого не сказал…

Вначале все было как обычно, я даже подумал, что, может быть, смогу ненадолго заснуть. По прибытии я ожидал, что впереди будет трудный день. Но тут начались легкие толчки, за которым последовали сильные и непредсказуемые рывки ветра с внезапным падением самолета… Это продолжалось еще около часа, а затем капитан объявил: «Все пятьсот миль вокруг нас потревожены сильными штормами, возвращаться нам нельзя — мы летим вперед! Затяните ремни потуже».

Я никогда не был в самолете во время такого шторма. Огромные крылья самолета двигались вверх и вниз, как крылья огромного орла, с изгибом почти на 30 градусов. Я лихорадочно рассчитывал механические напряжения, возникающие в результате такого изгиба, и хвалил инженеров, спроектировавших этот великий самолет, способный выдержать такое издевательство. Мое место было в конце самолета, в хвосте. Хвост имел амплитуду вертикального и горизонтального движения около 4 футов от пика до пика. Стоять на ногах было невозможно. Одна стюардесса зашла в туалет, и ее отбросило к потолку салона — она ударилась головой и упала без сознания. К счастью, кто-то заметил ее и смог помочь. Этот ад продолжался еще четыре часа без перерыва. Только когда мы приближались к Европе, минуя Великобританию слева, шторм утих и наш полет нормализовался. Чуть позже стюардесса взяла микрофон и спросила: «Кто-нибудь хочет завтракать?» Ответом ей стал громкий смех сотен пассажиров — нас всех тошнило, и сама мысль о еде была невыносима… После того полета мое отношение к полетам изменилось навсегда.

Испытательная лаборатория располагалась к востоку от Munich, примерно в четырех часах езды. Я арендовал небольшой седан Opel с автоматической коробкой передач и поехал по автобану. Это была моя первая поездка по автобану. Там было всего две полосы движения в каждом направлении, и скорость в правой полосе ограничивалась самой медленной машиной, обычно большим грузовиком, который ехал медленно. Но вторая полоса, на которой не было установленного на автобане ограничения скорости, использовалась водителями BMW и Mercedes со скоростью 150-180 км в час. Попытка обойти медленный грузовик была очень опасным занятием, поскольку мне приходилось быстро набирать скорость, не попадая под проезжающие машины по второй полосе. Мой дешевый арендованный Opel просто не мог этого сделать... После трех неудачных попыток я сдался и оставался в первой полосе до самой границы с Чехией. К моему великому невежеству, даже прожив в Штатах более тридцати лет, я только сейчас узнал, что мои самые презираемые американские автомобили — GM Buick — были разработаны немецким Opel. Если бы я знал это раньше!

Когда я добрался до лаборатории, был почти полдень — время обеда. Меня встретили два инженера, один технический специалист и один клиент — какой-то японец, тоже тестирующий свой продукт на соответствие требованиям. Только в этот момент я понял, что последние восемнадцать часов у меня во рту ничего не было, даже воды... Мы пошли обедать в какой-то местный ресторан, где я сделал одно важное кулинарное открытие, что Шницель - это, на самом деле, отбитый и обжаренный кусок говядины, а не котлета из фарша третьего дня, как ее знали в Украине... и, я думаю, вы правильно ответите, какой был мой выбор, когда официант в конце спросил каждый клиента: «Шнапс или мороженое?» Японец выбрал мороженое.

Когда мы вернулись, я сразу пошел на работу. Томас, инженер моего проекта, с которым я общался последние шесть месяцев, показал мне стенд испытательного оборудования, подключенный к нашему волноводному радио, и продемонстрировал тест. Да, на одной частоте, не связанной с работой нашей продукта, измерительная система показала гигантский пик, превышающий допустимые пределы — провал теста. Это был факт. Но я знал, что это не имеет никакого отношения к моему устройству, поэтому начал проверять каждый компонент измерительной установки по частям. Мне не потребовалось много времени, чтобы сосредоточиться на одной маленькой коробочке, которая была напрямую подключена к аудиовходу нашего продукта и носила название «Инжекционный Соединитель». Когда я спросил Томаса, является ли эта коробка виновником проблемы, он ответил: «Этого не может быть — этот «Инжекционный Соединитель» произведен уважаемой немецкой компанией (он показал мне этикетку компании внизу), и он должен быть хорошим".

Я настоял — мы вынули коробочку, поставили на стол, подключили ВЧ-генератор и анализатор спектра и замерили АЧХ (амплитудно-частотная характеристика). Согласно требуемому стандарту, кривая должна была быть ровная с падением на низких частотах. Вместо этого, прежде чем выходной сигнал упал, мы наблюдали пик точно на той же частоте, на которой мое радио не выдержало испытания. Было ясно, что эта коробка неисправна именно на этой частоте. Этот «Инжекционный Соединитель» инжектировал в наше устройство в *сто раз* больше энергии, что, естественно, привело к провалу теста. Я нашел проблему! Лицо Томаса выглядело кислым; его немецкие патриотические чувства были задеты «авторитетной немецкой компанией», которая сознательно продала им бракованный товар.

Я попросил отвертку и открыл коробку. Будучи радиоинженером, я сразу заметил внутри коробки два длинных проводника, ответственных за паразитный резонанс. Теперь пришло время решить, что делать. Я предложил: «Почему бы мне не вернуться в Boston, спроектировать и изготовить две хорошие коробки этого "соединителя", и одну из них я пришлю вам. Таким образом, мы всегда будем получать одни и те же правильные результаты во время испытаний». Он согласился.

Не помню, как я добрался до гостиничного номера. Наверное, выключился раньше, чем моя голова коснулась подушки. На следующий день мы проверили остальные тесты, и наш продукт их выдержал, как уже продемонстрировал Томас ранее. Это были выходные, поэтому я вернулся в Munich и, как и планировал, у меня было два дня на осмотр достопримечательностей перед вылетом домой. Я гулял по городу, по главной улице, слушая уличных музыкантов, провел три часа в галерее Пинакотеки, пока все произведения искусства не стали выглядеть одинаково. Я также помню, как наблюдал две политические демонстрации, проходившие одновременно, но на расстоянии двух километров друг от друга: одна была нацистская, другая антинацистская. Блокпосты полиции не позволяли им смешаться. Европа только что начала снова погружаться в средневековое варварство: мусульманская иммиграция шла с максимальной скоростью, а ее беспорядки, терроризм и игнорирование европейской культуры все еще находились в стадии развития.

Когда настал день моего отъезда, мне пришлось вставать очень рано, поэтому я решил прогуляться по спящему городу. Воздух был свеж, темно, отдельные предприятия начали готовиться к новому дню. Я проходил мимо пекарни. Запах свежеиспеченного хлеба наполнил улицу, пробуждая незабываемые воспоминания из детства, когда моя мама что-то пекла в духовке, но я не мог попробовать, пока это не было готово и не остыло, чтобы положить на стол. Домой я полетел без приключений, но в аэропорту Мюнхена, ожидая свой рейс, услышал, как два сотрудника рассказывали о *том* ужасном рейсе, делясь переживаниями пассажиров и экипажа.

Вернувшись в компанию, я спроектировал соединительную коробку, это была очень простая конструкция, и мой техник, опытный специалист по радиотехнике, построил две абсолютно одинаковые коробки. Я протестировал их, распечатал их параметры на маленькой этикетке и прикрепил ее к дну коробки. Одну из коробок отправили в испытательную лабораторию ЭМС в Германии. Наше продукт с честью выдержал испытание. В течение недели мы получили полный отчет об испытаниях, разрешающий продажу нашего волноводного радиоприемника в Европе и большинстве стран мира.

Но наибольшая польза от моей поездки в Германию заключалась в следующем: мой начальник, ссылаясь на историю выше, сделал руководству компании предложение — открыть собственную испытательную лабораторию ЕМС, чтобы иметь возможность полностью тестировать всю нашу продукцию и устранить опасность задержки программ с непредсказуемым ростом затрат в будущем. Эту лабораторию одобрили, и следующие восемь лет я посвятил оснащению и расширению ее возможностей. После того, как я покинул отдел, мои бывшие сотрудники сделали эту лабораторию полностью аккредитованной и начали проводить все испытания на ЕМС и сертификацию продукции самостоятельно.

Правильный ли это был уход из отдела, где я создал столько замечательных игрушек?

На протяжении всех лет работы там я изобретал концепции новых продуктов для компании, искал способ воплотить эти концептуальные идеи в разработку на рынок. Чтобы достичь этой цели, мне нужно было быть ближе ко всему. Итак, когда Том, наш вице-президент по науке, сделал мне предложение присоединиться к его группе для разработки нового класса импульсных звуковых усилителей, я ухватился за эту возможность и никогда не оглядывался назад!

***

ВТОРАЯ ЗАРПЛАТА

Существует мнение, что детям в семье необходимо давать карманные деньги, чтобы они могли свободно тратить их по своему распоряжению. Сейчас я не возражаю, но когда наши два сына росли, у нас не было практики давать им деньги. Если им что-то было нужно, они просто просили, и если мы могли себе это позволить, мы тратили деньги и покупали то, что им нужно. Подавляющую часть остального мы предоставили, как и любые другие заботливые родители, не спрашивая.

Прожив несколько лет в Штатах, мы купили свой первый компьютер производства Gateway (помните эту марку?). Забавно то, что несмотря на то, что его называли «персональным компьютером, ПК», в его использовании не было ничего личного, поскольку им пользовалась вся семья. Это было неудобно, особенно если учесть, что наш старший сын Константин уже ходил в школу, и ему очень нужен был собственный компьютер. Итак, вскоре Константин получил это. Он уже продемонстрировал множество талантов в математике, музыке, шахматах и даже в поэзии, и для него компьютер был просто инструментом для решения проблем, создания документов, поиска в Интернете, но не предметом особого интереса.

Его младший брат Саша последовал его примеру и в 14 лет попросил себе собственный компьютер. Но для него ПК был объектом восхищения, волшебным джинном, способным на вещи, выходящие за рамки наших простых человеческих способностей. Итак, я решил попробовать применить на практике старую китайскую пословицу: «Дайте кому-нибудь рыбу, и вы накормите его на один день; научите кого-нибудь ловить рыбу, и вы накормите его на всю жизнь». Я решил помочь сыну найти свое призвание.

Сделка была очень простой: возьми компьютерный класс, узнай, как устроен компьютер, затем мы купим детали, и ты соберешь свой собственный компьютер! Он с радостью согласился, и мы приступили к делу. Во время школьных каникул в нашем местном институте был класс «Собери свой первый компьютер». Ну, мы записали Сашу и две недели моя жена Лариса старательно возила Сашу на занятия, где он учил теорию и, собственно, собрал ПК. Когда класс закончился, я спросил Сашу: ты теперь умеешь собирать компьютер? Его ответ был положительным.

Моя проблема заключалась в том, что несмотря на то, что я был инженером-электриком, я понятия не имел о проектировании ПК (для меня компьютеры были просто мощным инструментом, не более того), и мне тоже требовалось образование. В следующее воскресенье я поехал с Сашей в знаменитый магазин Microcenter в Cambridge и купил книгу «Персональные компьютеры для чайников».

Именно так я себя чувствовал в этой области. Но через два дня, прочитав книгу и пообщавшись с Сашей, я почувствовал себя гораздо лучше и понял, что готов отправиться на охоту за компьютером. В течение нескольких дней был найден дистрибьютор ПК и подобран компьютер с необходимыми параметрами. Мы договорились с продавцом о цене, и я был готов сделать заказ.

И тут я удивил продавца. Я сказал: «Я хочу этот компьютер в мешке».

Он сказал: «Не волнуйтесь, мы положим компьютер в пластиковый мешок, а затем в коробку, чтобы он доехал в целости и сохранности».

Я объяснил: «Я хочу, чтобы все части компьютера были в мешке, а не в собранном виде — мы соберем его сами!» Судя по всему, я был первым клиентом, с которым он имел дело, с таким требованием, потому что на другом конце провода повисло молчание, а затем он сказал: «Это будет стоить вам на сто долларов больше». На самом деле я ожидал обратного, но согласился, не раздумывая.

Через неделю мы получили две большие коробки: одну с огромным мешком компьютерных комплектующих, включая металлический корпус компьютера, и другую - с монитором. *Ну*, подумал я, *это займёт Сашу на пару недель, можно расслабиться...* Я очень ошибся, потому что на следующий день, когда я пришёл с работы, он сказал: «Готово, а ты хочешь взглянуть на то, что я сделал?»

Конечно, я внимательно осмотрел компьютер, проверив заземление, подключение к сети переменного тока, чтобы убедиться, что электрически всё безопасно. Это было все, что я мог сделать с моими ограниченными знаниями в области проектирования ПК. К моему удивлению, все было сделано идеально, поэтому я сказал: «Хорошо, теперь запусти его».

Да, ПК в то время комплектовался множеством руководств и кучей дисков с операционной системой, драйверами компонентов — всем тем, что сейчас спрятано очень глубоко в мозгу ПК и прозрачно для пользователей.

Через два часа Саша сообщил: «Работает!» У него был новый мощный компьютер, собранный им самим. Чувствуете разницу? Это был продукт его труда, а не просто подарок родителей, и количество положительной творческой энергии, которую он произвел, было огромным. Еще через час Саша подключил его к Интернету. Начался новый период в нашей жизни.

Позже мне сказали: «Интернет — опасное место, за детьми надо следить и направлять их…» Да, Интернет был и остается опасным местом. Но мы никогда не следили за нашими сыновьями и не смотрели им через плечо, когда они использовали свои компьютеры и блуждали в киберпространстве. В конце концов, у нас не было ни времени, ни желания, да и вообще жизнь сама по себе — очень опасное предприятие, и чем раньше дети овладеют навыками выживания, тем быстрее они станут самодостаточными и предсказуемо в безопасности.

Возможно, вы потеряли терпение, ожидая объяснений, почему я назвал эту историю «Вторая зарплата»? Не правда ли, первая зарплата – самая важная в жизни? Держу пари! Но потерпите немного. Жизнь, наконец, стала нормальной. Что я имею в виду? В доме у нас было трое мужчин, и у каждого был свой компьютер, настоящий ПК. Все были заняты, и царило мирное сосуществование. Моей жене компьютер не был нужен, она пользовалась моим, когда это было необходимо.

Четыре месяца спустя я нашел конверт в почтовом ящике. Внутри лежал профессионально отпечатанный чек на $900 с именем Саши. Эта сумма и сегодня значительна, но в 1998 году она была просто огромной. Я спросил Сашу, что это за чек? Вместо прямого ответа (что всегда было принято в нашей семье) он начал бормотать что-то неразборчивое, явно не желая пролить свет на источник денег. Боясь, что что-то не кошерно, я надавил сильнее, и он раскрыл правду: он создал какой-то притягательный веб-сайт, привлекший значительный трафик, разместил кнопки ссылок, предоставленные какой-то компанией массовой рассылки, ведущие на магазины секс-товаров и порнографических изображений, очевидно, имеющих большой успех среди интернет-путешественников.

За каждое нажатие на кнопку его банковский счет получал несколько центов. А теперь подсчитайте, сколько нажатий нужно было сделать, чтобы получить такую сумму денег! Что ж, это была первая Сашина зарплата. Эти деньги, кстати, он с радостью отдал родителям — он никогда не был жадным и прекрасно знал, что в то время мы жили в условиях ограниченности бюджета.

Самым удивительное для меня было то, что он не понимал, почему меня так расстроила его деловая затея. На следующий день мы говорили о хороших и плохих деньгах и правильных способах заработка. Я признал Сашину изобретательность и навыки, но также объяснил, что помогать продавать порнографию или другие морально сомнительные вещи — это плохо, сколько бы за это ни платили. Вместо этого я предложил Саше найти какую-нибудь компанию, которая могла бы использовать его навыки для гораздо более благородной и продуктивной работы. Для этого я предложил ему написать резюме, отражающее его стремления, навыки, опыт и образование. К моему удивлению, он охотно согласился, и через два дня, после некоторой доработки, мы получили одностраничный документ, готовый к действию.

В пятницу вечером, в 8 часов вечера, Саша опубликовал свое резюме на каком-то местном сайте рынка труда. Я посоветовал ему набраться терпения — я все еще помнил, что мне потребовалось девять месяцев, чтобы найти свою работу. В 9 часов вечера у нас зазвонил домашний телефон! Мужской голос спросил Сашино полное имя из резюме. Это был президент небольшой компьютерной компании, предлагающей услуги по сборке, установке и настройке сетевых серверов, нуждающейся в немедленной помощи. Он хотел, чтобы на следующий день Саша пришел на собеседование — предложить ему работу. Первая настоящая работа, ставшая его профессисй, та, которая с этого момента будет определять его жизнь.

Через две недели Саша привез домой и с гордостью показал нам с Ларисой свою первую зарплату с этой работы — Вторую зарплату. Ему было всего 14 лет, и, к счастью, он рос во времена быстрого развития Интернета, выполняя сложную работу, которую в прошлом обычно выполняли дипломированные компьютерные специалисты, которых явно не хватало, что давало ему уникальную возможность быть частью беспрецедентного технического прогресса.

Саша проработал в этой компании всего один год, но он познал все элементы профессии: дух изобретательства, сладкий и горький вкус предпринимательства и удовлетворение от хорошо выполненной работы. Он также научился чувствовать себя частью команды единомышленников, встретил несколько хороших людей и завел дружеские отношения, которые продлились всю его жизнь.

Чудеса случаются, но нам нужно быть умными и готовыми чтобы распознать их и открыть дверь, когда однажды раздастся звонок.

* * *

СМАРТ ПРОТЕКТОР

В 90-е годы я работал в известной звуковой компании в отделе DAE (Design Assurance Engineering). Моя работа была довольно многогранной, но основная ее часть сводилась к тому, чтобы вновь разработанная продукция соответствовала требованиям качества, безопасности и нормативным требованиям. Чтобы сделать эту работу эффективной, нам приходилось проводить анализ и тестирование дизайна на ранних этапах разработки, поскольку чем позже в процессе проектирования мы обнаруживали проблему, тем дороже и дольше было её устранение. Но ранние прототипы были драгоценны, как золото! Они производились в единичных количествах и использовались конструкторским коллективом при проектировании изделий. Наша работа заключалась в том, чтобы фактически разрушать тестируемый продукт — чтобы найти его слабые места и улучшить конструкцию. Это заставляло всех инженеров DAE изучать конструкцию своих изделий, чтобы иметь возможность многократно их чинить, не отвлекая группу разработчиков от работы.

На самом деле для меня эта часть работы была самой интересной, потому что я всегда задавал себе вопрос — а *могу ли я спроектировать ту или иную схему лучше?* И я не останавливался на этом — я хотел тоже создавать свои собственные проекты и не только, чтобы показать свою квалификацию, но и чтобы провести мою идею через весь процесс разработки и выпустить продукт на рынок. Ниже я расскажу вам об одном успешном продукте, которое я изобрел и запустил в производство.

Рынок бытовой электроники в то время представлял собой рынок комплектующих: покупатели покупали звуковые колонки (громкоговорители) по своему вкусу, затем усилители с тюнерами или без них, затем проигрыватели компакт-дисков и так далее. Итак, когда производитель звуковых колонок, в данном случае наша компания, продавал этот продукт, было указано, что он должен использоваться с усилителями определённой мощности. Если усилитель пользователя был слишком слабым, колонка не могла работать на полную мощность, обеспечивая посредственные характеристики. А если усилитель был слишком мощным, превышающим максимальную мощность звуковой колонки, динамик внутри её выйдет из строя. Было особенно критично, когда динамик проектировался с минимальным запасом по мощности, чтобы сэкономить на стоимости, уменьшить размер, вес, или когда звуковые колонки не предназначались для ремонта.

Будучи инженером-электриком, я решил создать небольшую схему, которая располагалась бы внутри колонки, была бы полностью прозрачна для пользователя и становилась активной только при перегрузке громкоговорителя. Раньше наши динамики в громкоговорителях были адекватно защищены от усилителей малой мощности, но по мере развития технологий все больше и больше усилителей могли обеспечивать мощность 100 Вт или даже выше.

Я посмотрел на то, что было доступно на рынке — и обнаружил, что некоторые компании используют реле для отключения динамиков при перегрузке — было очевидно, что я могу сделать всё гораздо лучше. Примерно через полгода экспериментов я создал схему, которая выглядела многообещающе.

Когда я предложил это группе разработчиков, их первый вопрос был: «Сколько это стоит?» Итак, в моей схеме использовалось два десятка компонентов, включая два мощных полевых транзистора, стоивших на тот момент около 1 доллара за штуку, всего 7 долларов за плату, что было очень много по сравнению с традиционной защитой динамиков, используемой в компании, — специальной лампочкой, стоившей всего 30 центов! Кроме того, решение с лампочкой было не защитным устройством, а, технически говоря, «компрессором», то есть компонентом, который постепенно снижает мощность, подаваемую на динамик; его эффект тем выше, чем выше уровень мощности, что делало его почти незаметным во время прослушивания. Моя схема активно отключала динамик при перегрузке: в противном случае динамик, либо термически сгорел, либо механически поврежден. Это была иная философия защиты, и никто не хотел применить её в дизайне.

Такая неопределенность продолжалась около года или двух. Затем однажды ко мне подошел один из инженеров и сказал: «Я слышал, что у тебя есть какая-то защита для динамиков, не так ли?» Я ответил: «Да, я называю это Смарт Протектор, и одна плата стоит 7 долларов». К моему удивлению, высокая цена его не охладила, и он рассказал мне о проблеме компании.

Это было время, когда самой известной звуковой продукцией компании были домашние кинотеатры — системы, обеспечивающие объемный звук для телевизоров. Эти системы содержали отдельный басовый блок для низких частот и пять динамиков: три впереди и два позади слушателя. Очень часто все пять динамиков были одинаковыми, но было известно, что центральный динамик должен был быть сконструирован по-другому. Было известно, что 80% всей звуковой энергии системы на средних частотах излучалось именно этим динамиком — это был *голос* системы. Кроме того, у многих любителей музыки уже были в наличии высококачественные стерео колонки для правого и левого каналов, и для прослушивания музыкальных телепрограмм им хотелось просто добавить громкоговоритель для центрального канала. Все эти колонки питались от многоканальных усилителей, очень популярных в то время — их были десятки разных марок. Итак, инженеры моей компании разработали звуковую колонку для центрального канала, которую можно было бы продавать отдельно всем клиентам, желающим улучшить звучание своей домашней телевизионной системы пространственного звучания.

Я попросил демонстрацию. Мне показали несколько звуковых систем, и я смог провести сравнение А/В с нашей колонкой центрального канала. Наш громкоговоритель был превосходным! И его превосходство было гораздо более выражено, когда на экране был диалог, заглушаемый другими звуками — разборчивость этой колонки была лучшей на рынке!

Итак, в чем же заключалась проблема, из-за которой понадобился мой Смарт Протектор? Ответ был очень простым:

Инженеры попыталась использовать для защиты динамика лампочку, как раньше. Но на этот раз механический дизайн был другим. Чтобы эффективно изготовить пластиковый корпус, на заводе была разработана технология ультразвуковой сварки, позволяющая сваривать верхнюю и нижнюю крышки громкоговорителя вместе. Громкоговоритель ремонту не подлежал. А при работе с усилителем мощностью 50–100 Вт горячая лампочка расплавляла пластиковый корпус, делая его негодным.

Как только я понял проблему, я вернулся к моим рассчетам. С другим инженером-электриком, Брайеном, который также занимался проектированием динамиков, мы разработали тепловую модель защиты динамика. Но этого было недостаточно. После обширных испытаний мы обнаружили, что, если динамик подвергается мощным скачкам напряжения в определенном диапазоне частот, звуковая катушка может быть повреждена из-за слишком большой амплитуды движения. Основываясь на этом, я разработал специальный вариант моего Смарт Протектора, настроенный на параметры нашего динамика и учитывающий оба механизма разрушения. В итоге мы создали и протестировали Смарт Протектор, который мог работать с недавно разработанным громкоговорителем без срабатывания защиты с любым усилителем номинальной мощностью до 100 Вт. Если кто-то пытался использовать усилители нового поколения, мощностью 150–300 Вт, защита срабатывала и динамик защищался от повреждения.

Но настоящее испытание "на прочность" началась, когда группа разработчиков проводила измерения на проверку безопасности продукта — как и для любого электронного товара на потребительском рынке — никакое сочетание подаваемых сигналов или различных факторов, влияющих на работу продукта, не должно было приводить к небезопасной работе. Это поручили одному инженеру, и он постарался сделать все возможное, чтобы Смарт Протектор небезопасно вышел из строя. Но, к моему глубокому удовлетворению, инженер этого сделать не смог. Моя схема была разработана для защиты динамика и защиты *себя* от любых возможных условий применения, и тесты это доказали.

Я хотел пройти весь процесс разработки нового продукта, вплоть до производства — и я это смог сделать. И Смарт Протектор перешел в руки производственной группы. У них были свои проблемы. Им пришлось изготовить плату, протестировать ее и убедиться, что в реальной жизни, когда все компоненты будут иметь свои допуски, плата будет работать так, как задумано, и защищать динамики (у которых тоже есть свои допуски!). Это был коллективный поиск многих хороших инженеров и техников. Они разработали компьютерную испытательную систему, которая измеряла дюжину параметров платы и документировала их для каждого построенного устройства. А затем компоненты схемы варьировались и оптимизировались, чтобы обеспечить наилучший общий результат при массовом производстве этой платы.

Следующим этапом был маркетинг. Для них вопрос состоял в том, стоит *ли* афишировать наличие электронной защиты динамика или нет. Это был первый громкоговоритель на рынке с электронной защитой, и никто не знал, повысит или понизит такая информация его объём продажи. В конце концов они решили - не рекламировать. Если продукт будет успешным, никто не удивится - от нашей компании, ничего другого и не ожидали. Но если продукт не оправдывает ожиданий пользователя — тогда это не имеет значения…

Производство началось, и я ждал отзывов от "группы раннего реагирования" — они должны были рассматривать каждый возврат от покупателя и поломку продукта и проводить анализ первопричин. Мне никто не позвонил... Это было просто феноменально! За первый год мы произвели и продали 200 000 громкоговорителей для центрального канала, имеющих мою систему Смарт Протектор. Все возвращенные устройства были проверены и вскрыты, если они были дефектны. Количество вышедших из строя динамиков составило 3 (три) из 200 000!

* * *

РУТКИТ

В институте был зимний семестр, и Саше нужно было найти место для следующей летней стажировки. Он любил свой институт не столько за лекции и экзамены, которые он считал неизбежными препятствиями в своей жизни, сколько за три стажировки, которые институт разрешал иметь в течение первых двух лет обучения. Он уже взял две из них, и эта была его последней. У него было два выбора:

Первый - небольшая компания, которой руководил его бывший коллега Дэвид. Дэвид и Саша год назад работали вместе в другой компании цифровой связи. После того, как эта компания растратила все деньги, полученные от инвесторов, она была распущена, и Дэвид с немногими своими друзьями основал новую компанию в области компьютерной безопасности. Саша поговорил с Дэвидом, который сказал, что наймет Сашу на стажировку, если Саша решит подать заявку.

Второй - крупная компания, в которой я проработал много лет. В ней было много разнообразных технических отделов с множеством возможностей для обучения, получения опыта и карьерного роста. Это был мой главный выбор для Саши, учитывая, что я определенно пользовался авторитетом и влиянием среди моих сотрудников и в случае необходимости - мог бы оказать Саше помощь. В компании был специальный отдел по связям с институтами, который принимал внутренние заявки на необходимых стажеров, и согласовывал их с предложениями о стажировке, поступающими от институтов.

В этом году было два отдела в компании, готовые разделить одного студента-стажера с Сашиными навыками: один — исследовательский отдел, заинтересованный в компьютерной безопасности, а другой - тоже исследовательский отдел - по разработке новых технологий цифровой передачи информации. Это было очень привлекательно, и Саша, к моему удовлетворению, выбрал второй вариант.

Итак, пятьдесят процентов своего времени он занимался безопасностью компьютерных сетей, где реальная потребность заключалась в следующем: исследовательские лаборатории использовали сложные аналитические инструменты, такие как, например, масс-спектрометры, требующие, чтобы компьютерная сеть Windows функционировала должным образом. После нескольких лет использования Microsoft обновил программное обеспечение, и оно стало несовместимо с оригинальными инструментами. Если бы эти обновления не были заблокированы, инструменты за миллион долларов в одночасье превратились бы в бесполезные груды металла. Саша реализовал изолированную компьютерную сеть, которая не требовала обновлений, и систему могла работать до тех пор, пока использовались оригинальные инструменты.

Остальные пятьдесят процентов своего времени он делал прямо противоположное — разрабатывал потоковую передачу звука в реальном времени на основе базы данных между различными сетевыми устройствами, чтобы обеспечить их бесперебойную работу с новыми технологиями обработки звука.

Он любил своих коллег в обоих отделах, и они были им очень довольны. Я пошутил с Сашей: «Как это у тебя не развилось раздвоение личности, делая два противоположных дела одновременно?» Он просто улыбался.

Теперь позвольте мне спросить: вам нравится бесплатная музыка?

Что за глупый вопрос, а кому - нет?

Когда наша Земля была еще тепленькая и была изобретена магнитофонная запись, люди впервые получили реальную возможность записывать понравившуюся музыку — воспроизводить ее столько раз, сколько захотят, делиться ею с друзьями и, самое главное, — без каких-либо дополнительных выплат звукозаписывающим компаниям, которым на тот момент принадлежали права на распространение музыки. Были слабые попытки запретить и ограничить распространение магнитных записывающих лент, но все они потерпели неудачу. Конечно, качество записей очень сильно зависело от качества аппаратуры и со временем ухудшалось, особенно после интенсивного использования — но все это были мелкие проблемы на пути бесплатного распространения музыки, которым пользуются миллионы меломанов по всему миру.

Примерно начиная с 2000 года, с широким внедрением цифровой записи и, в частности, с невероятным успехом так называемых методов компрессии MP3 для высококачественного копирования музыки и бесплатного её распространения, это стало массовым увлечением, доступным каждому, даже без каких-либо специальных возможностей или образования. Музыкальная индустрия забила тревогу. Битва распространилась от технологических лабораторий до федеральных судов с одной целью — остановить несанкционированное распространение защищенной авторскими правами музыки.

Одна компания пошла гораздо дальше остальных — её инженеры перенесли борьбу за права на распространение цифровой музыки непосредственно на компьютер потребителя. Они создали компакт-диски, которые требовали от пользователя «одобрить» установку некоторого дополнительного программного обеспечения, якобы необходимого для наилучшего воспроизведения. Если пользователь соглашался и разрешал установку, на компакт-диск устанавливалась относительно небольшая программа под названием Руткит (Rootkit). Руткит устанавливается до Windows и получает полный контроль над многими функциями Windows по желанию владельцев Руткита, в частности, не позволяя компьютеру создавать копии компакт-дисков. Но самым коварным был тот факт, что ни одно антивирусное программное обеспечение не могло его обнаружить — Руткит воспринимался как "родной" несмотря на то, что он мог полностью подорвать безопасность всего компьютера.

Зачем я все это рассказываю? Однажды, работая с компьютерной сетью нашей компании, Саша обнаружил нечто странное. В сетевой безопасности была явная лазейка, но ни диагностика Windows, ни самый последний Антивирус на нее не жаловались. Он потратил пару дней на расследование и пришел к выводу, что сеть компании заражена Руткитом. Кто это сделал и особенно как, было неясно: некоторые черты указывали на российских хакеров, некоторые - на азиатских.

Чтобы получить совет, Саша позвонил Дэвиду и спросил, что тот знает о Руткитах и методах борьбы с ними. Ответы Дэвида обнадежили: то, что заметил Саша, было именно кибератакой типа Руткит, которая была изобретена в 1990 году и с тех пор медленно распространялась по сетям Интернета. Большинство экспертов по безопасности Windows имели мало знаний и опыта работы с Руткитом.

Саша поделился своими выводами с одним из своих коллег, постоянной сотрудницей с большим опытом работы в компании. Эта сотрудница не приняла находку Саши — она не хотела с этим иметь дело, опасаясь, что этот прокол в безопасности может как-то повлиять на её карьеру. Она посоветовала Саше сразу пойти к ее начальнику — директору по компьютерной безопасности.

Директор был мужчина средних лет, который последние десять лет своей карьеры провел, сидя в своем офисе и на бесконечных совещаниях, прикрывая свою некомпетентность отличным знанием корпоративных интриг и связей с общественностью. Он встретил Сашу в своем офисе и сказал: «Вы говорите мне, что наше еженедельное сканирование сети нашими самыми совершенными программами не может обнаружить этот вирус, как вы его называете? Ах, Руткит? Чепуха, это невозможно».

В тот же вечер Саша пришел ко мне и сказал: «Папа, у нас большая проблема!» Давайте остановимся на мгновение. Мой сын не сказал: «У компании большие проблемы». Нет! Он сказал: «У нас большая проблема!» Он проработал в нашей компании недолго, но уже почувствовал себя ее частью. И проблема компании автоматически стала его собственной. «Сеть компании заражена Руткитом!»

На тот момент я понятия не имел, что такое Руткит, но, получив объяснения от Саши и прочитав несколько статей в Интернете, я решил, что мой сын, скорее всего, прав. Это было единственное правдоподобное объяснение обнаруженных им проколов в безопасности системы.

Он также рассказал мне о встречах со своей коллегой и начальником. Я предложил: «Давай, я напишу напрямую нашему президенту с твоими техническими оценками. Конечно, всё это выше моей головы - но объяснять ты будешь при встрече сам». На следующее утро я написал электронное письмо, и к концу дня у нас была назначена встреча с нашим президентом.

Эта встреча стоила бы видеоклипа, если бы я смог его сделать. Наш президент не был техническим специалистом, в прошлом он руководил производством и был выбран президентом, видимо, из-за отсутствия лучшего кандидата. Мы были знакомы, и он был дружелюбен, когда пригласил нас с Сашей в свой кабинет.

"Так в чем дело?" Был его первый вопрос.

Я указал на Сашу и сказал: «Пожалуйста, объясни, что ты нашел».

Саша страстно объяснил все детали, подчеркнув, что вся информация компании могла оказаться под угрозой, если бы виновники этих действий совершили атаку с такой целью.

Возможно, сейчас вы чувствуете то же, что чувствовал президент: он не мог отмахнуться от того, что только что услышал, но в то же время не мог принять это из-за масштабности проблемы. Я видел, что он колебался, думая, что ответить.

Тогда я сказал: «Если хотите, Саша воспользуется этим найденным проколом в системе компьютерной безопасности и взломает Ваш защищенный паролем корпоративный счёт, прямо сейчас, с клавиатуры!» Это было рискованно — в обычных условиях подобрать пароль, посидев минуту за клавиатурой, практически невозможно. Но, как обнаружил Саша, в системе была лазейка, и он её знал, но даже тогда — кто знает, сможет ли он это сделать или просто потеряет всякий авторитет?

Президент сказал: «Хорошо, покажите мне!» Я сидел рядом с ним, Саша — на противоположной стороне стола перед компьютером президента... Через три минуты он вздохнул, улыбнулся и сказал: «Я в вашем корпоративном счету!». Вот это, да! Это означало, что опытный злоумышленник мог сделать то же самое, и проблема была реальной.

«Что бы ты хотел с этим сделать?» – спросил Сашу президент.

«Я хотел бы быть частью группы, работающей над этой проблемой. Я уже многому научился и могу помочь всем очень быстро войти в курс дела».

И мы вышли из офиса, я почувствовала себя на седьмом небе от счастья — мой сын молодец и спасает компанию! Это звучит как отличный финал истории, главный герой доказывает свою правоту, антагонисты пристыжены и превращены в пепел, правда празднует победу! Это хорошо в семейных фильмах и книгах, но не всегда так в реальной жизни.

Компания начала искать помощь на стороне среди тех экспертов, которые занимались компьютерной безопасностью — из-за отсутствия внутреннего опыта и для того, чтобы прикрыть свою спину на случай, если в будущем возникнут какие-либо судебные разбирательства. На карту были поставлены всевозможные личные, финансовые и интеллектуальные базы данных, а также процессы передачи данных в режиме реального времени в сфере маркетинга, производства и управления поставками.

Через две недели Сашина стажировка подходила к концу. За день до этого, один из его коллег из исследовательского отдела, пригласил его пообедать в близлежащий китайский ресторан-буфет. Саша согласился, и они пошли вместе. К его большому удивлению, Сашу встретила большая группа сотрудников отдела, которые приветствовали его и подарили ему памятную фотографию со следующими плакатами: **«Только одобренные лабораторные компьютеры»** и **«Нет доступа к корпоративной сети»**. Это было их «спасибо» за его помощь в изоляции бесценных аналитических инструментов от всех опасностей корпоративной сети.

Грубое пробуждение произошло на следующий день. Сашу пригласили в отдел кадров и попросили подписать документ о неразглашении, запрещающий ему рассказывать об инциденте. Ничего подобного никогда не происходило. Никакого нарушения компьютерной безопасности не было, понятно?

Саша был опустошен, его вера в корпоративную этику рухнула. Я тоже чувствовал себя ужасно – это я направил его на этот путь, и я невольно стал участником корпоративного предательства.

Ну а после этого случая Саша поклялся, что никогда не будет работать в больших компаниях, обещание, которое он в дальнейшем нарушил не раз, потому что большие компании чаще ассоциируются с большими успехами и, следовательно, более привлекательны. И кто не хочет быть частью этого?

Кстати, через два месяца Саша случайно узнал, что контракт на очистку, перезагрузку и настройку компьютерной сети нашей компании, по какому-то невообразимому совпадению был отдан компании Дэвида. Наверное, это было предсказуемо, не так ли?

* * *

ДВАДЦАТЬ ЛЕТ СПУСТЯ

Бывший инженер моей группы Травис столкнулся со мной в коридоре и сказал: «Ты знаешь - они вставили декодер МР3 в чип?» Ух ты, для меня это было просто бомба! МР3 — это аббревиатура технологии сжатия звука, позволяющая хранить на записываемых компакт-дисках примерно в 10 раз больше музыки, при этом, стандартные мини-жесткие диски ноутбуков могут хранить сотни и даже тысячи музыкальных компакт-дисков. Это означало, что отныне я могу сделать портативный музыкальный плеер с динамиком, для хранения и воспроизведения всей моей коллекции музыкальных файлов, и все это будет у меня в руке! Но как мне освоить эту технологию? Что ж, ответ на самом деле существовал. Один гений самоучка из Канады уже начал производить наборы МР3 и продавал их в рамках своего малого бизнеса.

И вот, я купил один набор, собрал его, и через несколько дней вся моя музыкальная коллекция была там. Конечно, качество музыки страдало, особенно при сильной компрессии, но польза от наличия одного записываемого компакт-диска или небольшого жесткого диска с десятками, а то и многими сотнями часов музыки, была необыкновенной. И в течение года на этот рынок вышла дюжина небольших компаний. Каждый хотел быть первым.

Набор, который у меня был, был построен на большом жестком диске компьютера; он требовал слишком много энергии и не мог быть миниатюризирован, поэтому я купил второй комплект этого набора и перепроектировал его для работы с компактным жестким диском. Затем я спроектировал и построил портативный громкоговоритель с батарейным питанием, а также добавил небольшое УКВ/СВ-радио, чтобы дать пользователю возможность воспроизводить разнообразные источники. Закончив этот проект, я понял, что сделал первый в мире портативный МР3-громкоговоритель с радиоприемником и батарейным питанием. Воодушевленный этой идеей, я показал его нашему вице-президенту по разработке Джо:

«Почему мы, как компания, не можем производить такой продукт? Это недалекое будущее распространения и воспроизведения музыки!»

Он был против и назвал две проблемы: первая была:

«Это компрессированный звук, и мы никогда не снизим качество звука нашей продукции до такого уровня».

Вторая проблема была более практическая:

«Наша компания никогда не производила цифровые плееры — нам нужен партнёр».

Забегая на два года вперед, я встретил Джо в столовой, у него на поясе был Apple iPod. Я невинно спросил:

«Ну и как Вам компрессированная музыка?»

Он ответил:

«Я записывал здесь только несжатые файлы WAV».

Ну, Джо был Джо, а миллионы других пользователей записывали сжатую музыку — чтобы больше записать в ограниченное в то время пространство для записи.

Проблема производства МР3-плееров была реальной, и, не решив ее, у меня не было возможности убедить руководство компании заняться производством таких звуковых систем для цифровых музыкальных плееров. В то же время в другой группе в нашей компании два блестящих инженера с видением рынка и технологии— Чарли и Ричард уже изучали рынок MP3-плееров, пытаясь найти самого лучшего партнера для нашей компании. Для этого будущего плеера они даже построили прототип стационарного настенного громкоговорителя. Идея заключалась в том, что, поскольку цена самого MP3-плеера была высокой, у нашей компании было финансовое пространство для разработки собственной модели MP3-плеера и создания для него звуковой системы.

Большое разочарование пришло через месяц, когда Чарли заявил:

«Всё. Мы не можем разработать собственный MP3-плеер, потому что цены на них существенно упали».

Это было начало эпохи, когда MP3-плееры становились ширпотребным товаром.

Чего Чарли не знал, так это того, что на другом побережье один талантливый инженер, работавший консультантом в Apple, попросил о часовой встрече со Стивом Джобсом, на которой он представил Стиву идею создания Apple MP3-плеера. Эта встреча длилась четыре часа, и в конце стартовал проект iPod. Стив потребовал, чтобы этот продукт появился на рынке через 9 месяцев - с беспрецедентной для всех скоростью. Когда мы все узнали об iPod и протестировали его сами, мы почувствовали облегчение: компания Apple была известна производством больших объемов продукции. Если iPod завалит рынок, наша компания сможет производить акустические системы для работы с ним, и это выглядело как отличное деловое партнерство на уровне маркетинга. И необходимость для нашей компании в разработке собственного MP3-плеера отпала.

Я решил действовать. Я разработал концептуальный прототип небольшой звуковой системы размером с ладонь под названием Дюймовочка. Он содержал басовый динамик и два крошечных стереодинамика левый и правый, которые можно было поворачивать в открытое положение (как руки балерины) для прослушивания и складывать для хранения и транспортировки. Устройство было оснащено пассивным излучателем низких частот (пассивный радиатор), воспроизводящим очень убедительные басы для своего размера. На тот момент у меня еще не было своей группы, поэтому мне пришлось убеждать инженеров и техников других отделов, куда я обратиться за помощью. К счастью, все были очень воодушевлены, и за два месяца мы сделали рабочий прототип. Конечно, по сегодняшним меркам он мог бы быть и лучше, но тогда — это был лучший микро громкоговоритель - размером с ладонь.

Я не стал показывать его Джо, потому что был уверен, что он эго не оценит. Но я снова ошибся! Чарли и Джо договорились о встрече в Apple со Стивом и его командой. Главный вопрос заключался в том, готова ли компания Apple к маркетинговому партнерству с нашей компанией, и если да, то какой уровень громкости они ожидают от нашей будущей звуковой системы. Накануне их отъезда в Cupertino Джо появился у меня в офисе и спросил:

«Можно мне взять твою Дюймовочку для встречи со Стивом?» Он не собирался её показывать, но все же взял – на всякий случай. Остальное он рассказал мне через два дня, когда вернулся.

«Мы сидим со Стивом и его командой в его офисе, и я спрашиваю его, какой уровень громкости звука для громкоговорителя iPod -плеера он хочет?

Он заколебался с ответом. Тогда я спрашиваю:

«Как наше знаменитое волноводное радио?»

Он сказал: «Громче!»

«Хорошо, как наша акустическая волноводная система?»

Он сказал: «Громче!»

«Теперь я начал понимать, что он не в курсе дела о громкости наших продуктов (последняя система, которую я назвал, была способна наполнить звуком большой танцевальный зал!). Итак, у меня есть идея. Я сказал:

«Почему бы вам во время обеда не зайти в наш фирменный

магазин, послушать там несколько звуковых систем, и выбрать тот уровень громкости, который вы хотели бы получить?»

Стив согласился, и когда мы возобновили нашу встречу после обеда, он достал небольшой батарейный японский кассетный магнитофон, поставил его на стол, включил музыку и сказал:

«Мне нужен такой уровень громкости!»

Как вы, наверное, догадались, этот магнитофон даже близко не приближался к той лиге акустических систем, которые Джо предложил Стиву вначале. Другими словами — это был просто посредственный громкоговоритель! Чтобы доказать свою точку зрения, Джо вытащил Дюймовочку из своего портфеля (Дюймовочка была намного меньше этого магнитофона, как Давид по сравнению с Голиафом), поставил ее на крышку магнитофона и включил. Звук Дюймовочки превосходил звук японского магнитофона! Стив потерял дар речи, а затем сказал:

«Ну, вы больше нас знаете о том, как создавать хороший звук, так что делайте все, что хотите, все будет в порядке».

Когда Джо вернул мне Дюймовочку, он сказал:

«Теперь нам зеленый свет. Давайте сделаем док-станцию для iPod!»

Этот момент ознаменовал начало путешествия нашей компании в акустику для цифровых музыкальных систем, которое продолжается и сегодня.

Следующие несколько месяцев мы отлично провели время — была собрана неформальная группа инженеров, целью которой было разработать прототип звуковой системы для Apple iPod. Поскольку мы хотели представить его команде Apple, было учтено все: дизайн красивого корпуса, небольшая док-станция для iPod и даже пульт дистанционного управления, спроектированный и изготовленный отличным инженером и моим другом Ласло.

Эта система была установлена на стене в одной из наших демонстрационных комнат, прикрыта подвижными шторами с трековыми светильниками наверху, подсвечивающими его на стене, когда шторы были открыты.

Настал день демонстрации, и мы приняли гостей из Apple, в том числе того инженера, который к тому времени стал официальным руководителем проекта iPod. У нас тоже был полный зал, включая нашего легендарного генерального директора. Занавески открылись, заиграла музыка, и кто-то из команды Apple спросил:

«Где же басовый модуль?»

Никто не мог бы задать более приятный вопрос, чем этот! «Нет такого, весь звук исходит из маленького плоского громкоговорителя, висящего на стене!», был наш ответ. Делегация Apple была довольна и убеждена, мы, собственно, и не думали, что будет иначе. Но стандарты нашей компании к качеству звука были выше. И наш генеральный директор не был уверен, в том, что мы продемонстрировали на той демонстрации хороший продукт.

В тот момент я почувствовал большое разочарование! Мне потребовалось почти двадцать лет, чтобы понять нашего генерального директора, когда я оказался в очень похожей ситуации, но на противоположной стороне. Наш генеральный директор создал свою компанию и ее замечательные продукты с единственной идеей — создавать звуковые системы с максимально реалистичным звуком Hi-Fi. Все было подчинено этой цели. Но начиная с 2000-х годов мировая тенденция заключалась в том, чтобы сделать звуковые системы более удобными для пользователя, более доступными для различных применений и, помимо прочего, меньшими по размеру. В жертву были принесены — уровень громкости и, иногда, - качество звука. Генеральный директор не принимал этот компромисс и не хотел в этом участвовать. Но его сотрудники убедили его, что конечный продукт будет намного лучше, и он в конце концов согласился.

Начался официальный проект док-колонки Apple iPod, и через полтора года она была выпущена на рынок, став одной из самых популярных колонок в США. Наши конкуренты были очень удивлены, наша компания традиционно была известна своей медлительностью и никогда не пыталась быть впереди толпы, особенно в новейших областях, но на этот раз всё было вовремя и когда клиенты покупали iPod, большой процент из них также покупал нашу колонку.

Этот проект был первым в замечательной серии звуковых систем, предназначенных для iPod, а позже и для всех других музыкальных плееров — все они стали беспроводными, поэтому исчезла специфика конструкции конкретного плеера, а беспроводная связь Bluetooth стала повсеместной функцией.

Вам может быть интересно, создала ли наша компания когда-либо карманный громкоговоритель Bluetooth с батарейным питанием, такой же маленький, как и оригинальная Дюймовочка? Да, так оно и было, и он оказался даже меньше и намного лучше, чем его прабабушка! Этот громкоговоритель был (и до сих пор - есть!) самым маленьким в группе из семи цифровых звуковых музыкальных систем, в нем использовались высококачественные микро-динамики, высокоэффективные усилители звука и литий-ионные батареи высокой энергетической плотности. Только на все это понадобилось двадцать лет!

* * *

BILLY BOB THORNTON
LAUREN GRAHAM
With JOHN RITTER
AND BERNIE MAC
BAD SANTA

ПЛОХОЙ САНТА

Когда мы переживаем различные события в нашей жизни, мы воспринимаем их в режиме реального времени. Лишь намного позже, если мы пытаемся проанализировать то, что произошло, мы сможем заметить, что в этой последовательности было много логики и смысла — одно событие вызывало другое, и во всей последовательности было очень мало случайности. Вот почему наше восприятие событий, когда мы их переживаем и когда вспоминаем их потом, сильно различаются, — этот простой факт я подтвердил для себя, когда писал этот рассказ.

Мария, жена моего папы, позвонила мне в пятницу вечером из New York: «Твой папа в Maimonides госпитале, у него сильная бактериальная инфекция». Я ожидал проблем со здоровьем у моего отца, несколько лет назад он перенес операцию двойного шунтирования для лечения закупоренных артерий, но инфекция — это нечто другое. Я сказал: «Дайте мне день или два, я приеду к вам». Это была пара лет, в течение которых мы общались только по телефону; посещение его, особенно сейчас, когда ему потребовалась неотложная медицинская помощь, имело большой смысл. Я задумался:

«Что я должен делать — чтобы все было в порядке, когда я уеду?»

Моя проблема заключалась в том, что Лариса за последние несколько лет деградировала физически и морально. У неё было довольно редкое заболевание аутоиммунного типа, вероятно, вызванное радиационным воздействием в результате чернобыльской аварии, которое проявлялось по-разному. Благодаря этому мы познакомились со специалистами разных областей медицины во многих больницах Boston. К сожалению, типичное поведение врачей, когда они столкнулись с не понимаемой ими проблемой, заключалось в том, что вместо того, чтобы принять факты и признать, что они понятия не имеют о причине проблемы, они обвиняют самого пациента, заявляя, что проблема только в ее голове, направляя пациента к психотерапевту. Это удобно для врача и очень обидно для пациента. После двенадцати лет такого лечения Лариса впала в сильную депрессию, «подтверждая» диагноз врачей, а на самом деле — просто получив травму от этого диагноза. Причина и следствие, наоборот.

Хорошо, что и Костя, и Саша жили в это время дома, поэтому я мог оставить Ларису на их попечение на пару дней. С этими мыслями я пошел спать, но утром меня разбудил звонок телефона — это был врач, лечивший моего отца. Он назвал себя, а затем сказал: «Ваш отец умер прошлой ночью». Это был шок... Я спросила врача, от чего умер мой отец, и его ответ меня очень обеспокоил. По стандартному больничному протоколу моему отцу дали антибиотик — Cipro. Это самое мощное «оружие» в антибактериальном арсенале. Врачи назначают его направо и налево, даже не задумываясь, существует ли более целевой и менее мощный антибиотик. Cipro работает почти всегда, но если этого не происходит, если какие-то вредные бактерии выживают, Cipro убивает всю живую флору в организме, тогда плохие бактерии размножаются, и против них уже нет никакого лечения. Вот почему моего отца так быстро убили в Maimonides. Итак, когда я приехал в New York, я приехал не для того, чтобы увидеть папу, а для того, чтобы устроить его похороны.

Зимняя погода была ужасной, и, что еще хуже, приближалась сильная метель, останавливавшая движение транспорта и вызывавшая всевозможные отмены расписаний. Мы выполнили все формальности, выбрали место на кладбище и пригласили оставшихся друзей и родственников. Правда в том, что, когда мы становимся старше, круг знакомых вокруг нас значительно сужается, те, кто живет дольше, в конце концов остаются без людей своего поколения. Счастливы те, у кого есть потомки, это их единственная надежда выжить в них. Итак, приглашенных друзей было не так уж много. Незадолго до начала похорон мне позвонили из дома. Костя сообщил мне, что у мамы случилась очередная депрессия и мое присутствие дома становится крайне необходимым. Мне пришлось завершить церемонию, к большому неудовольствию нескольких папиных друзей, которые тоже жили в New York и хотели поговорить о жизни моего отца. Как я мог объяснить им, что, хотя я хочу того же, но я должен уехать в Boston, чтобы предотвратить еще одну трагедию с моей женой?

Той ночью мне потребовалось одиннадцать часов (вместо обычных - пяти), чтобы вернуться домой в Boston. Дела шли не очень хорошо. Когда человек чувствует, что его здоровье ухудшилось, когда прежние повседневные дела вдруг становятся слишком тяжелыми, когда даже люди, которых ты раньше называл *друзьями*, сплетничают о тебе за спиной — не нужно много, чтобы начать тоже в это верить, почувствовать себя плохо и потерять надежду, которая, как мы все знаем, умирает последней. Помню бесчисленное количество ночей, когда я не спал, прислушивался к шагам и движениям Ларисы, вставал, разговаривал с ней, пытался уложить ее обратно в постель и засыпал только после того, как начинал слышать ее спокойное дыхание.

Я искал помощи — отец Сашиного друга был психотерапевтом, поэтому я позвонил ему, объяснил нашу ситуацию — он посоветовал мне отвезти Ларису в больницу. Чего он мне не сказал, так это того, что, если я это сделаю и покажу Ларису психотерапевту, Ларису, скорее всего, направят на принудительное лечение. Я до сих пор сомневаюсь, спас ли я в тот день жизнь своей жене или просто испортил ее навсегда... На следующий день я позвонил врачу в Beth Israel госпитале и записал Ларису на прием.

Когда мы приехали туда, было уже четыре часа, и доктор смотрела на часы, собираясь уйти. Но специфика ее деятельности требовала от нее осмотра больного и после очень короткого разговора она предложила госпитализировать Ларису. Мы не были готовы к такому повороту событий, но, как я сказал выше, я только что запустил большую государственную машину, Джинн был выпущен из бутылки и весь процесс уходил из моих рук. Если бы вы спросили меня сегодня, сделал бы я то же самое в подобной ситуации, я бы ответил: «Наверное, нет».

Я спросила врача о продолжительности лечения, и она ответила: «Три-четыре недели». Это было очень нежелательно, учитывая, что здоровье Ларисы на тот момент было уже довольно хрупким, а пребывание в больнице никогда не делало пациентов здоровее (если только они уже не умирали). Мы отказались и направились к двери. Доктор взяла трубку и громко, чтобы мы могли слышать, сообщила охране о необходимости задержать пару — мужчину и женщину, которая теперь находились в принудительном попечении штата Массачусетс.

Я понял, что независимо от того, поместят ли Ларису в больницу или нет, сейчас нам надо выбираться. Я схватил ее за руку, и мы быстро убежали. Но чтобы пройти через охрану, которая в этот момент стояла возле выхода из здания, я повел Ларису по коридору в соседнее здания больницы, и мы вышли оттуда. Затем я оставил Ларису в Starbucks через дорогу и вернулся за машиной со стоянки. Когда я подошел к парковочной кассе, там уже стоял полицейский, разговаривавший с кассиром о какой-то женщине, которую нужно задержать. Но они искали пару — я был один, поэтому спокойно заплатил, сел в машину, забрал Ларису, и мы поехали домой. Когда мы подошли к дому и уже были готовы войти в дом со двора, мы увидели нашего сына Сашу, разговаривающего с полицейским. Они добрались до нашего дома быстрее, чем мы! Итак, мне пришлось покатать Ларису минут двадцать, пока они не ушли.

Моя дилемма заключалась в том, что я все еще надеялся, что Ларисе смогут помочь в больнице, и хотя я всегда был в центре ее лечения (которое буквально много раз спасало ей жизнь...), но теперь это превращалось в тюремный триллер с непредсказуемым сюжетом. На следующий день мы собрали Ларисе сумку со всем необходимым и поехали в больницу. Когда мы ехали туда, снова позвонила полиция, спросила, где мы находимся, чтобы убедиться, что мы наконец-то доехали. В больнице Ларису положили в общий зал, как и любого обычного пациента. Ее положили на кровать и ждали, пока придет врач и проведет осмотр. Наконец подошел врач, которого я принял за психолога, и он начал ее расспрашивать. На сакральный вопрос, хочет ли она причинить себе вред, Лариса ответила твердо — да. Я попытался вмешаться по-русски, сказав ей, что это не болтовня, а серьезный вопрос, Лариса не слушала. Тот факт, что она не понимала, во что ввязывается, доказывает, что она находилась в депрессии. У меня никогда не было в этом никаких сомнений. Через пять минут появилась еще одна женщина, физически крепко сложенная, и заняла место возле кровати Ларисы. Я услышал приказ осматривающего врача: «Нет разрешения на выход». С этого момента Лариса стала собственностью «системы».

Тем временем Лариса находилась в состоянии стресса, совершенно не могла ходить в туалет, страдала системным заболеванием склеродермией, что требовало от нее находиться дома и соблюдать строгий режим, все это теперь стало невозможно. Еще через час ее поместили в отдельную комнату, специально построенную для этой цели; в ней была металлическая раздвижная перегородка, позволяющая нажатием кнопки отделить пространство палаты от зоны окна, закрывая таким образом сумки, которые мы привезли в больницу и положили туда. Лариса очень испугалась, она начинала понимать, что происходит не обычное посещение больницы, но в этот момент я уже ничем не мог ей помочь.

Еще через полчаса появилась двухсотфунтовая полицейская и потребовала, чтобы я покинул помещение. Я знал, что Ларису переведут на верхний этаж этого здания, поэтому предложил свою помощь, сказав, что я отведу Ларису туда с минимальным эмоциональным ущербом для нее — но у этой бабы была ее «программа», и она не послушалась. Она заверила меня, что все будет хорошо — это была наглая ложь. Мне пришлось уйти с тяжелым сердцем, я чувствовал, что беды Ларисы только начинаются.

На следующий день я не пошел на работу, а пришел как можно раньше, чтобы повидаться с женой. Она была бледна и напугана. На ее шее были множественные синяки темно-розового цвета, оставленные накануне вечером пальцами сотрудников полиции. Лариса рассказала мне, что после того, как я ушел, трое полицейских, включая толстуху, набросились на нее, пытаясь уложить на носилки. Один из них сдавил ей шею, душив, а двое других связали ее. Лариса была миниатюрной женщиной весом 75 фунтов, поэтому вы можете судить, насколько жестокими и непрофессиональными были эти полицейские. После того, как мою жену уложили на носилки, ей вкололи транквилизатор, чтобы она не убежала... Не забывайте, это сделали не преступнице, а маленькой, хронически больной женщине, которая была был в депрессии и нуждалась в медицинской помощи, которую врачи не знали, как оказать!

Палата, в которую поместили Ларису, была медицинской тюрьмой. В нем был отдельный лифт с коридором, заканчивающимся тяжелой металлической дверью. За дверью была одна комната для общения пациентов (если им было разрешено) с широким окном, выходившим на пост медсестер, из которого за всеми ними можно было постоянно наблюдать. Там была группа небольших палат для пациентов, запирающаяся на ночь, а также специальный отдел с медицинскими кабинетами, конференц-залом и постами медсестер. Каждый час подсчитывали всех больных.

Философия лечения была очень простой и берущей свое начало из глубокого прошлого — пациентов необходимо подавить морально и физически, подвергнуть их однообразной рутине, где все решает персонал, лишая пациентов тем самым всякой свободы воли. После этого больных, сильно накачивали лекарствами, исходя из последних достижений фармакологии. Препараты должны были подавлять разум пациентов, делая их ходячими овощами. С этой целью пациентам давали так называемые «антидепрессанты», «антипсихотики» и другие наркотические вещества, которые были созданы для того, чтобы вызывать сильное привыкание. Уже через несколько недель такого лечения пациенты уже не могли без них жить. Другими словами, вместо того чтобы иметь ярких, эмоциональных людей сильными положительными и, к сожалению, отрицательными эмоциями, эти «лечения» создавали заторможенных зомби, пристрастившихся к рецептурным наркотикам. Если пациенты отказывалась принимать эти препараты, их удерживали (см. выше) и вводили масляный раствор сильнодействующего нейролептического препарата, что требовало его введения только один раз в месяц. Эта практика до сих пор является реальностью в американских больницах.

Но лицемерие медицинской системы на этом не закончилось. Чтобы сделать все это насилие над людьми законным, в больнице назначили «судебное заседание». На каждом слушании обвиняемый имеет право на адвоката. Это было время Рождества, и найти реального адвоката было невозможно. Но больница предложила «бесплатного» адвоката. Этому адвокату платила та же медицинская система, и ее (адвоката) целью было сохранить свою должность без ответственности, со стабильной зарплатой, а не защищать клиентов. Мы встречались с адвокатом несколько раз, объясняя историю Ларисы и ее проблемы со здоровьем, подчеркивая, что депрессия в большинстве случаев является эмоциональной реакцией на отсутствие помощи, и просили ее приложить усилия, чтобы вытащить Ларису оттуда, и помочь мне оказать Ларисе правильное лечение дома, где ей будет комфортно и она сможет решить свои проблемы со здоровьем, которые я не могу здесь подробно описывать...

Я пошёл домой, сфотографировал вешалку Ларисы и с ее помощью выбрал, что она наденет на слушание. В день судебного заседания нас всех поместили в одну комнату: врачей, нескольких друзей, судью и одного полицейского для «закона и порядка». Врач Ларисы, высокомерная молодая выпускница Гарварда, не испытывающая никакого сострадания к людям, выступила с докладом о медицинском случае и попросила подвергнуть Ларису ЭШТ – электрошоковой терапии! Мой друг Дмитрий, присутствовавший на этом «слушании», не выдержал этого фарса и громко спросил: «Вы уже пробовали это на себе?» Вы, наверное, читали книгу или смотрели фильм «Полет над гнездом кукушки»? Эту варварскую процедуру прожигания нервных связей головного мозга в надежде, что мозг их восстановит и это изменит поведение человека к «лучшему», осудили еще в 1962 году, но мы живем в двадцать первом веке и ЭШТ по-прежнему применяется. используется в ведущей больнице в Boston?!

Наш адвокат выступила с речью, но уже через две минуты стало ясно, что она не намерена противостоять ни врачам, ни судье — она была не на стороне ответчика, а полностью сотрудничала со стороной истца. Она вышла с судьей из зала, и я гарантирую, что интересы Ларисы она не защищала. Я также попросил Дмитрия записать этот фарс и дал ему свой знаменитый магнитофон Sony Walkman. В нем произошла неисправность, поэтому вместо тихой записи комната наполнилась звуками предыдущей записи. Это была последняя капля, и Дмитрия вывели из комнаты. К счастью, судья не одобрил предложение ЭШТ, но, тем не менее, одобрил пребывание Ларисы в больнице на 3-4 недели.

Вы можете подумать: ну, возможно, в том, что делали врачи, есть какое-то медицинское обоснование, не нам их судить. Я доктор физики, а не медицины, но могу рассказать вам изнутри об истинных мотивах психиатрического отделения больницы.

Там было два типа пациентов. Первыми были пациенты, которые были психически больными, алкоголиками, уличными наркоманами, жертвами насильственных семейных отношений – людьми, у которых не было ни денег, ни хорошей медицинской страховки, ни возможности платить. Эти больные оставались в этой палате 3-4 дня, а затем их быстро выгоняли.

Был второй тип людей, таких как моя жена Лариса, у которых из-за моей работы в крупной корпорации была хорошая медицинская страховка, которая могла и желала оплатить психиатрическое лечение пациента. Такие люди оставались до 4 недель, в больнице их любили! Моя жена пролежала в больнице более трех недель, и ее счет превысил 70 тысяч долларов. Страховая компания заплатила.

Я начал бороться за то, чтобы вытащить Ларису — из-за лекарств, отсутствия свежего воздуха и прогулок и неподходящих для нее условий жизни, она ослабела и во время моих ежедневных прогулок с ней по коридорам палаты, едва могла передвигаться. Сначала я разговаривала с врачами, пытаясь убедить их задуматься о первопричине проблемы Ларисы, это не сработало. Они просто делали то, чему их учили. Затем я написал письмо в страховую компанию, описав ситуацию и попросив приостановить выплату. Они не отреагировали. Судя по всему, страховые компании были частью одной доильной системы. Затем я написал письмо президенту больницы Beth Israel, добавил фотографии Ларисы с синяками на шее и лично передал его секретарю его офиса. Мне потребовалось много времени, чтобы придумать это ход, и, наконец, он сработал. Может быть, я сэкономил Ларисе неделю пребывания в больнице, может, больше - я не знаю.

Но ущерб был нанесен. К своему стыду, я не заметил разрушительного действия наркотиков, к которым пристрастилась Лариса. Она принимала их годами, и когда я, наконец, понял, что произошло, было уже слишком поздно. Конечно, я нашел способ, в конце концов, снять Ларису со всех психотропных препаратов, они ей были не нужны — и с годами я наблюдал постепенное улучшение ее умственной и эмоциональной «активности», но время было потеряно. она так и не вернулась в свое первоначальное психическое состояние. Помню, прошло три месяца после того, как она прекратила принимать все разрушительные лекарства, к нам пришла старая подруга Ларисы по институту из Латвии, Таня. Замечательный любящий человек, общительный и энергичный. Мы пригласили ее к нам в гости после более чем тридцати лет разлуки. Лариса поздоровалась с ней, потом прошла мимо, как будто ее подруга была предметом мебели. Позже Таня рассказала мне, что ее первой мыслью было: «Что я здесь делаю?» Конечно, после этого Лариса добилась колоссального прогресса, я просто плачу о всех потерянных годах...

Все это испытание далось очень тяжело не только Ларисе, но и мне и нашим сыновьям Косте и Саше. И вот как нам удалось это пережить. Каждый день я ходил на работу утром и в больницу вечером. Костя взял на себя работу повара и готовил еду для всех нас — это было большим подспорьем. Обычный хлеб Лариса переваривать не могла, поэтому я принес в палату специальный хлеб Ezekiel и немного еды, которую она могла есть, а также купил тостер, чтобы кто-нибудь из персонала мог приготовить ей тост с фермерским сыром (пациентам не разрешалось пользоваться тостером). Я тоже много времени проводил в палате, общаясь с другими пациентами, у всех были свои истории, грустные и поучительные. Я даже приносил им еду из соседнего китайского ресторана. После «суда» руководство решило, что мое общение с другими пациентами «нежелательно», и каждый раз, когда я туда приходил, нас помещали в крохотную закрытую комнатушку.

Это была канун Нового года. В наших семьях, канун Нового года – ночь 31 декабря – был самым любимым праздником, когда все собираются за обеденным столом с едой, шампанским и прекрасным настроением и надеждами на новый год. Существовало поверие, что новый год ты проведешь с тем же человеком, с которым проведешь новогоднюю ночь.

В этот раз, первый раз в моей семейной жизни, Ларисы не было со мной в новогоднюю ночь... Обычно в больнице выгоняли посетителей в 9:00 вечера, а в этот день продлили до 23:00. Я навещал Ларису с Сашей и в 23:00 мы вместе были на улицах Boston. Я не знал, что делать: никакого желания устраивать какую-то вечеринку не было... Какую вечеринку, когда Лариса сидела в тюрьме. Костя вообще решил остаться дома. Я гулял с Сашей по улицам зимнего Boston. Саша сказал: «Давай я покажу тебе некоторых людей». Мы пошли в сторону центра, прошли мимо нескольких больших зданий и возле одного из них, где на земле было выход системы вентиляции, увидели бездомного. Он спал там, потому что воздух, идущий с земли через проволочную сетку, был теплым. К моему удивлению, этот человек и Саша поздоровались по имени, а потом разговорились, наконец, Саша дал ему несколько долларов, и мы пошли дальше. Я был потрясен. Откуда Саша знал этого человека? Что он делал в этом районе? Я до сих пор не знаю. В то время я был в такой депрессии, что не спросил.

Потом Саша сказал: «Пойдем в кино». Я редко хожу в кино, тем более в полночь... Но это был Boston, и в новогоднюю ночь там шел полуночный фильм для взрослых "Плохой Санта". Я купил билеты, и мы зашли. Фильм полностью соответствовал своему названию, но мне было очень хорошо, сидя с сыном, который решил провести эту ночь не со своими друзьями, а со мной, зная, что для меня самое страшное той ночью если придется быть одному.

К сожалению, я не смог помочь моему сыну, когда он во мне остро нуждался, просто не знал об этом. Он очень непосредственно относился ко всем проблемам своей мамы, но у него не было рядом человека, который мог бы *его* утешить, когда он был в нужде. Всю жизнь я помогал Ларисе, а теперь, оглядываясь назад, вижу нашего сына Сашу, лишенного из-за этого большой доли моей любви. Скорее всего, он не чувствовал себя нелюбимым — он все время знал о моей безусловной любви к нему, а также у него была моя рука помощи, когда он был в беде, но кроме этого — я мог бы сделать для него гораздо больше.

Я помню 2015 год, когда наш любимый Леонард Коэн давал свое последнее выступление в Массачусетсе. Саша пригласил меня на шоу. Для нас обоих это могло бы стать отличным незабываемым опытом – наблюдать вживую великого поэта и музыканта. Но меня по-прежнему связывала необходимость заботиться о Ларисе... Я отказался. Через год Леонард Коэн умер. Я купил его последние два диска. Они грустные. В одной из песен Коэн обращается к Богу: «Я выполнил свои обещания, данные тебе, почему ты не сдержал своих?» Он чувствовал себя преданным. Чувствовал ли Саша себя преданным мной? Я не знаю. Но я всегда буду чувствовать вину за его кончину, независимо от того, что стало причиной его смерти — вина все равно моя!

Прости меня, сын мой.

ЛУЧШИЙ ОДИОЗНЫЙ ГРОМКОГОВОРИТЕЛЬ

Я создатель самого одиозного громкоговорителя в компании. Это возможно? Вам решать!

Вы когда-нибудь играли с грузом, подвешенным на резиновой струне? Если вы медленно двигаете рукой вверх и вниз, вес будет следовать за движениями вашей руки; если вы будете двигать рукой очень быстро, груз останется в воздухе почти без движения. Но если частота вашего движения совпадает с резонансной частотой груза на резиновой струне, амплитуда движения груза резко возрастает. Этот эффект называется *резонансом*.

При проектировании громкоговорителей мы использовали помимо активного излучателя (динамика) еще один - пассивный, приводимый в действие давлением воздуха в коробке (вместо резиновой струны), но не имеющий катушки или магнита. Его называют пассивным радиатором. Такие системы были хорошо известны, и в некоторых крупных домашних системах Hi-Fi использовалась такая конструкция. Она воспроизводит глубокие и сильные басы, столь любимые меломанами.

Я всегда мечтал об очень компактных акустических системах (размером с чашку чая), способных воспроизводить глубокие басы. Итак, однажды я построил такую систему. Звук был замечательным. Конечно, мой пассивный радиатор не был идеален — я сделал его из какого-то динамика, используя только его резиновую подвеску с диффузором и прибавив вес. Итак, я продолжал совершенствовать свою конструкцию, пытаясь добиться более сильного баса при все меньшей и меньшей размере громкоговорителя. И тут я обнаружил неприятную вещь: мой громкоговоритель, когда он воспроизводил сильные басы, начал двигаться по столу. Если его не остановить, он «подойдет» к краю стола и упадет на пол. Даже резиновые ножки радикально не помогли.

Ну, я был не первым, кто столкнулся с этой проблемой. Некоторые известные инженеры уже придумали решение: использовать два пассивных радиатора одинакового размера и массы, движущихся в противоположных направлениях, тем самым устраняя все вызванные ими вибрации коробки. Это очень хороший подход — он использовался во многих громкоговорителях, которые впоследствии выпускала наша компания на протяжении многих лет. Но мне захотелось сотворить «волшебство», когда два пассивных излучателя были *невидимы*, и мне пришла в голову идея — разместить их *внутри* коробки и излучать через щели, сделав пассивные излучатели *невидимыми*! И вот, я использовал пластиковую коробку, пару пассивных радиаторов, сделанных для меня нашими инженерами-материаловедами, и собрал все это воедино. Это сработало.

Здесь начинается эта история. Раз в год наша компания традиционно проводит встречу руководителей своих дочерних компаний со всего мира. В ходе этих встреч, среди прочего, инженерные и исследовательские подразделения демонстрируют этим менеджерам новейшие идеи продуктов и новые технологии, разработанные внутри компании за последний год. Я готовился к этой демонстрации вместе с инженером-механиком моей группы Четом. Мы сделали пару громкоговорителей, используя этот двойной пассивный радиатор, излучающий через щель.

Так получилось, что в этом году на это мероприятие решил приехать президент нашего японского подразделения Суми. В то время как большинство гостей проходили мимо моего стола с этой акустической системой, не обращая особого внимания, Суми очень заинтересовался и, после того как мы дали ему «маркетинговую презентацию» и техническое объяснение, сказал: «Я скоро пришлю к вам свою команду». И через две недели мы встречали команду японских инженеров, приехавших, чтобы изучить мою конструкцию. Причина такого интереса была проста: Япония – маленькая страна. Люди живут в крошечных помещениях. Такая замечательная система – небольшой громкоговоритель с впечатляющими басами – казалась очень привлекательным продуктом. Мы показали и объяснили нашим коллегам все, включая все недостатки нашей конструкции, посоветовали им необходимые улучшения и отпустили их.

Они вернулись домой в Японию и исчезли. То есть полностью — никакого общения: никаких вопросов, никаких попыток встретиться, ничего. Позже я узнал, что это было типичное и традиционное поведение японцев: эти инженеры столкнулись с проблемой, но, вместо того чтобы просить о помощи и «потерять лицо», они предпочитали биться головой о стену, пытаясь решить ее самостоятельно. Наконец, через полгода(!) мы получили сообщение от Суми, что его инженеры снова к нам приедут. Они привезли с собой прототип своего устройства — это было смешно, это просто не могло работать... эти бедняги не поняли идеи нашей конструкции. На этот раз мы были более настойчивы — мы уже сделали пару громкоговорителей и просто дали им эти колонки для использования и изучения. Мы также проинформировали наших японских коллег о некоторых подводных камнях, которые обнаружили наши инженеры при попытке сделать эту технологию более производимой.

Наши гости разошлись по домам и, как вы уже догадались, снова исчезли. На этот раз их молчание длилось почти год! А потом — бум! Японское подразделение нашей компании выпускает новую, современную, сверхкомпактную акустическую систему под названием S3 (Super Small Stereo). В общем-то, это не было чем-то неслыханным: если рынки США и Европы были очень близки друг к другу, то азиатские рынки, особенно японский, всегда отличались. Таким образом, у Суми была большая свобода адаптировать продукцию США к своему рынку или даже создать специальный вариант, понравившийся его клиентам. Итак, хотя этот продукт был ограничен только Японией, это был их бизнес. Но в реальной жизни много поворотов...

Основатель и генеральный директор нашей компании проводил зимние месяцы на Гавайях. Все это знали, и, если была реальная необходимость привлечь его внимание к чему-то, они знали, как его там найти. Итак, Суми с парой колонок S3 летит к нашему генеральному директору и с гордостью показывает ему маленьких красавиц. Надо признать, японские инженеры проделали замечательную работу — громкоговоритель был небольшой, с красивой металлической перфорированной решеткой серебристого цвета, логотипом компании и правда, неплохим звуком! Генеральному директору нравятся эти колонки: они имеют элитный внешний вид и отделку, которые нравятся деловым людям и женщинам. Да, в то время женщины стали влиятельной стороной, принимающей решения в процессе покупки аудиосистем. Не потому, что они стали фанатиками звука, нет — это все еще было прерогативой мужчин, а потому, что женщины больше заботились о габаритах и эстетике, поэтому прощайте, большие колонки Hi-Fi и приветствуем S3!

Что произошло потом, вы можете догадаться: генеральный директор возвращается весной и спрашивает президента нашей компании: «Почему у нас нет этой акустической системы для рынка США, в то время как наши коллеги в Японии уже сделали ее?» Наш президент собирает свой аппарат и передает заказ: нам нужно перепроектировать колонку S3 — производить ее для рынков США и Европы. И вот врата ада распахнуты настежь… Лучшие инженеры отдела разработки изучают японский дизайн — чтобы посмотреть, что там и как это реализовать прямо здесь в США. Результаты их исследования были абсолютно ошеломляющими: японская механическая конструкция включала стандартный процесс экструзии металла с последующими 23 дополнительными операциями постобработки — это было очень медленно и очень дорого, что делало его неприемлемым для массового производства. Электрическая конструкция также не была оптимальной — они использовали очень специализированные микросхемы, которые не позволяли реализовать топологии цифровой обработки сигналов нашей компании, производящие великолепный звук, которым мы были известны.

Что ж, казалось бы, это всего лишь небольшая проблема — в конце концов, мы могли бы спроектировать всё с нуля так, как сочтем нужным. Здесь было предостережение: генеральный директор попросил нас сохранить дизайн в основном *прежним*! Чтобы не опозорить Суми и его команду…

Тогда наши инженеры напомнили себе, кто с самого начала устроил весь этот бардак: это я, несмотря на то, что я не имел никакого отношения к реальному дизайну динамика S3: Суми и его команда ни с кем не советовались. Никто меня открыто не обвинял, но я слышал, что между собой конструкторская группа проклинала меня как последнего негодяя. Но это было только начало: когда были построены первые прототипы нашей конструкции и они прошли очень строгие испытания, команда выявила, что пассивные радиаторы, используемые в японских колонках, также были негодны: их параметры зависели от температуры, и после длительной работы работа колонки становилась неприемлемой.

Это привело к еще одному циклу исследований и разработок, и, в конце концов, модель динамика S3 для США была выпущена и поступила в магазины по всему миру. Он выглядел точно так же, как его японский предшественник, и большая часть его внутреннего дизайна также выглядела так же. Приветствую наших инженеров, создавших продукт США, на основе технологий совершенно другой «территории», другой инженерной школы.

Но, прежде чем это произошло, наши маркетологи думали: «Как мы можем продемонстрировать преимущества нового дизайна?» Итак, они пришли ко мне за советом, и мы устроили уникальную демонстрацию: взяли один из громкоговорителей S3 и переместили один пассивный излучатель (из двух) таким образом, что вместо того, чтобы двигаться противоположно другому, он двигался в том же направлении. Это устранило подавление вибрации, аналогично конструкции с одним пассивным радиатором. И вот была демонстрация: оба громкоговорителя S3 (один оригинальный, другой модифицированный) играли на низкой громкости и звучали совершенно одинаково. Затем громкость была увеличена до такой степени, что модифицированный динамик начал «ходить» по столу, в то время как оригинальный играл без вибраций, демонстрируя эффект двойного пассивного излучателя. Это было хорошо видно и легко понятно любому, даже без объяснения технических подробностей.

Продукт S3 просуществовал почти двадцать лет, хотя особой популярностью он так и не имел — он был относительно дорогим, и это была плата за его элегантность и чрезвычайно малые размеры. Но, как это всегда бывает, это открыло двери будущим поколениям небольших портативных колонок с отличными басами, оптимизированных с точки зрения технологичности и, следовательно, гораздо более доступных и популярных. Вот почему я назвал его лучшим *одиозным громкоговорителем*, над которым мне когда-либо приходилось работать.

Кстати, двадцать лет назад я тоже купил себе эту систему, и все это время она лежала в оригинальной упаковке. Недавно я распаковал её и теперь использую на своем столе по назначению — как офисную акустическую систему. Единственная особенность в том, что я использую S3 с отдельным басовым модулем объемом один кубический фут, который воспроизводит гораздо более убедительные басы и обеспечивает еще лучшее звучание. А почему бы нет? Если у вас есть подходящие игрушки и вы умеете их собирать!

* * *

ДУНКАН

Когда я был ребенком, у нас никогда не было в доме домашних животных. Причин тому было две: мы жили в очень маленькой квартирке на пятом этаже без лифта и моя мама-гинеколог, как и большинство врачей ее поколения, питала профессиональную неприязнь к животным, нарушающим «стерильный» мир чистоты операционных комнат. Как только мы переехали в «огромную» двухкомнатную квартиру, которую мой отец получил в результате двадцатипятилетней работы в его компании, я потребовал домашнего питомца. На этот раз родители оказались более сговорчивыми, и однажды мы пошли на птичий рынок и купили щегла и просторную клетку. Наш выбор оказался удачным, этот щегол оказался настоящим певцом, поэтому наша квартира наполнилась его безостановочными трелями. Длилось это недолго... В один летний день я открыл окно, чтобы проветрить комнату, и поставил клетку с птицей на подоконник. Сильный порыв ветра закрыл окно, раздавил клетку и выбросил ее со второго этажа. Выйдя на улицу, я обнаружил, что клетка разбита на куски, а птицы нет. Мой щегол улетел, надеюсь, в лучшую жизнь.

Мы с Ларисой жили в той же квартире, когда Косте было три с половиной года. Наш дом располагался в редком историческом месте недалеко от стен Киевской Лавры. Рядом стояли сотни небольших домов, подлежащих сносу в соответствии с планами расширения города. Почти в каждом доме была собака, часто сторожевая, но многие жильцы их оставляли, так как новые квартиры в высотных многоквартирных домах, полученные в обмен на старые дома, едва могли вместить домашних животных. В результате наш район наводнили бродячие собаки, одинокие и сбившиеся в злобные стаи. Однажды, когда Лариса гуляла с Костей на улице, они встретили маленькую собачку — рыженькую, со сложенными треугольными ушками — очень милую. У нее была благородная родословная уличной дворняжки. Собака подошла к ним и пошевелила хвостом. Было совершенно ясно, что еще недавно у собаки были хозяева, и она искала дом. Лариса принесла собаку домой, и мы решили оставить ее у себя.

Все были счастливы: Лариса всегда любила собак, у Кости появился компаньон, с которым можно было играть, и мне было приятно наблюдать за их игрой. Очень быстро мы обнаружили, что собака слепа на один глаз. Из-за этого у нее было только однобокое видение, и это создавало проблемы, иногда опасные. Однажды я гулял с ней, и она прыгнула мне прямо под ноги. Я этого не ожидал, наступил на собаку, потерял равновесие и упал на землю. Она была маленькой, и мы боялись, что я мог повредить ее внутренние органы. Не имея большого опыта общения с собаками, мы вызвали скорую помощь животным (была такая частная служба). К счастью, с собакой все было в порядке, и на следующий день она прыгала как прежде. Ну, очень скоро мы поняли, почему большинство людей не держат собак в маленьких квартирах — собака бегала, маленький Костя гонялся за собакой, квартира разваливалась… Конечно, если бы собаку выбирали тщательно, результат мог бы быть лучше. По совпадению, у одного из наших друзей был дом за городом. Там жили его родители, и он хотел взять нашу собаку. Расставание было очень грустным

— всего за три недели, которые мы провели с ней, мы её полюбили. Если бы собака пожила с нами еще немного, мы бы, наверное, никогда ее не отдали. В последний день Лариса нажарила отличные мясные котлеты, накормила собаку и дала еще одну — в дорогу. Через несколько месяцев мне сказали, что с собакой все в порядке, она живет в тихом месте и у нее есть много места где можно бегать.

Наша третья съемная квартира в США находилась в доме на две семьи в Newton. Мы жили на первом этаже и обсуждали с детьми возможность завести домашнее животное. Костя тянулся к собаке, а Сашу всегда тянуло к кошкам. Итак, однажды он появился и сказал: «Семья моего друга хочет отдать своего кота, позвольте мне привезти его домой». Почувствовав, что мы не сопротивляемся, Саша привел этого кота и назвал его Норби. Я говорю: «Как это может быть Норби, если он похож на обычного кота Васю?» Половину котов в Украине звали Васей — это было самое частое *человеческое* имя. Вася стал нашим новым членом семьи. Он был темно-серый, очень независимый и *ласковый* кот. Утром он прыгал ко мне на кровать, чтобы «поцеловать». Таким образом он будил меня, чтобы я открыл ему дверь на улицу. Иногда он пропадал целый день, приходя домой с каким-нибудь трофеем — мышкой, которую клал нам на крыльцо, чтобы мы съели. Территория вокруг дома была довольно безопасной, мы не волновались.

В следующем году мы купили наш первый дом. Наконец-то у нас появилось собственное жилье. Конечно, Вася пошёл с нами и сразу начал осматривать окрестности. Вскоре он нашел друга, который жил через дорогу. К сожалению, улица California была очень оживленной, часто машины двигались со скоростью 40-50 миль в час. Ждать, пока произойдет трагедия, было лишь вопросом времени, и это произошло. Однажды ночью Вася не вернулся домой. Утром он не вернулся. Мы позвали ему, прошлись по всем прилегающим улицам, и всё тщетно. Мы искали его три дня, расспрашивая всех соседей. На четвертый день одна из наших соседок сказала нам, что видела в кустах дохлую кошку. Мы побежали туда — это был Вася... Его сбила проезжая машина, когда он возвращался домой в день исчезновения. Мы все были в шоке, но Саша был совершенно опустошен. Этот кот был его первой любовью — самой запоминающейся. Мы выкопали на заднем дворе яму глубиной четыре фута, аккуратно завернули Васю в несколько слоев газеты и похоронили.

Но вкус к домашним питомцам мы уже почувствовали: тепло, радость и присутствие любящего существа. Нам нужна была собака. Я провел исследование и обнаружил, что порода собак, которую я хотел бы иметь, называется Welsh Springer Spaniel. Эту породу собак я видел в детстве: у моей мамы на нашем серванте в Киеве стояла фарфоровая фигурка такой собаки. Я связался с АКС (Американским клубом собаководов), и они предоставили список всех зарегистрированных бридеров в США. Я связался с некоторыми из них, и, к счастью, у одного из них в Washington, округ Колумбия, родился помет, и через три месяца он был готов отдать щенка Welsh Springer Spaniel ее владельцам. Но как нам доставить щенка в Boston? К счастью, один из его друзей из Коннектикута забирал своего щенка и был готов привезти и нашего щенка, поэтому мы договорились встретиться с ним «на полпути» там, в Коннектикуте. Я, Лариса и Саша поехали туда, чтобы познакомиться с нашим новым членом семьи: Дунканом. Интересно, что такое имя нашей собаке дал сам бридер. Мы две недели спорили между собой о новом имени для собаки, тем временем это имя прижилось. Конечно, в рамках процесса «усыновления» собаки нам пришлось заполнить массу документов, подтверждающих, что мы хорошие люди, обладающие желанием и возможностями обеспечить наилучший уход за нашим новым сыном, я имел в виду - домашним животным. Мы получили его родословную — должен признаться, что среди всех членов моей семьи Дункан был самым благородным.

Все истории о домашних животных одинаковы и в то же время — разные. Нам пришлось воспитать Дункана, научить тому, кто является вожаком стаи — Дункан был очень доминирующим кобелем с сильным стадным инстинктом. Потом мы отвели его в школу послушания. В основном это были занятия для владельцев собак... Дункан боялся инструктора и искал убежище под стулом Ларисы. Newton расположен в огромной зеленой зоне, поэтому ежедневные полуторачасовые прогулки стали обычным явлением. Собаки продлевают жизнь своим владельцам — известная истина. Интересной особенностью личности Дункана была любовь к воде. Когда мы впервые взяли его на местное озеро, этот трехмесячный щенок прыгнул в воду и быстро поплыл на середину озера, чтобы подружиться со стаей гусей. Лариса была в ужасе— боялась, что он может утонуть. В Boston лед на лужах зимой был обычным явлением. Если Дункан видел на дороге какой-нибудь водоем, даже если это была небольшая ямка, окруженная льдом, он просто ложился в нее — зимой!

Дома и среди людей Дункан всегда был центром притяжения. Приветливый ко всем, с прекрасным отношением к детям, он быстро стал самым любимым «человеком» в доме. Если у нас была вечеринка, он брал на себя ответственность собрать всех гостей вместе. Если после вечеринки на улицу медленно сочились люди, Дункан нервничал, перебегая от одной группы людей к другой, пытаясь показать им, что такое поведение неправильное — все должны быть вместе в одном месте!

Спрингер-спаниели обычно преследуют все, что движется, поэтому их использовали, чтобы спугнуть добычу во время охоты. Особенно Дункан был неравнодушен к птицам. Нам понравилось отдыхать на острове Sanibel/Captiva во Флориде. Мы посетили его восемь раз. Вначале мы боялись брать с собой Дункана. Итак, мы нашли питомник для собак с лучшим рейтингом и в качестве эксперимента оставили его на день. В середине дня нам позвонил владелец питомника: «Заберите, пожалуйста, собаку! Ваш пёс - сумасшедший». После того как мы с Ларисой ушли, Дункан начал осматриваться в поисках нас, потом нашел дверь в вестибюль. Дверь имела две половины; верх был открыт, низ закрыт. Итак, он перепрыгнул через нижнюю половину двери, пытаясь выбраться и вернуться домой.

После того случая мы всегда брали его с собой. Это было непросто: контейнер, одобренный авиакомпанией, был громоздким. Поместить Дункана в него тоже оказалось непростой задачей. Мы могли поместить его внутрь один раз, но, когда TSH (служба безопасности аэропорта) проверяли контейнер и просили нас на минутку вытащить Дункана, он не хотел туда снова идти. А трехчасовой полет в багажном отделении самолета, хоть и кондиционированном, все равно был для собаки очень тяжелым испытанием. В любом случае, мы проводили с ним все каникулы во Флориде, посчитав остров Sanibel/Captiva лучшим местом для отдыха. Это место, где разрешено проживание с собаками, где собаки могут свободно гулять по пляжу без поводка, развлекая детей и взрослых, купаясь вместе. Дункана завораживали косяки рыб, поэтому он часами медленно гулял по пляжу наполовину в воде, пытаясь поймать их ртом. Еще он гонялся за чайками на пляже. Но когда чайки улетали в сторону залива, он прыгал в воду и плыл в открытое море, пытаясь подобраться поближе. Мы боялись, что он может потерять чувство направления, особенно при высоких волнах, и старались перехватить его, когда это было возможно.

Его желание общаться со всеми однажды привело к несчастному случаю: в нашем районе появился скунс. Я думаю, скунс был бешеным, он никого не боялся, Дункан подбежал к нему, чтобы поздороваться, но скунс опрыскал Дункана своими ароматными духами. Мне потребовалось два часа, чтобы убрать сильный запах смесью шампуня и томатного сока, остатки этого запаха были в воздухе в течение следующих двух недель.

Дункан был неравнодушен к палкам, поэтому, как правило, ходил с какой-нибудь палкой во рту, роняя ее только подходя к дому. Вытаскивание палки было его любимой игрой, поэтому однажды он играл в перетягивание каната с другой собакой, палка каким-то образом попала ему в глаз, поцарапав радужку. Его глаз опух, мешая ему видеть. Нам пришлось отвезти Дункана к ветеринару. К счастью, глаз остался цел и через три дня вернулся к своему обычному виду. В семилетнем возрасте Дункан порвал связку колена, но благодаря великолепному хирургу связку заменили на нейлоновую — и вскоре он снова начал бегать.

Существует популярное мнение, что многие владельцы собак совершают ошибку, обращаясь со своими питомцами как с детьми, а не как с домашними животными. Для меня это смешно — сама причина, по которой мы заводим кошек и собак, — в том, что мы хотим заботиться о них, мы хотим любить их, и они тоже будут любить нас безоговорочно. Разве это не определение счастливых отношений между родителем и ребенком? Проблема, к сожалению, скрыта внутри — собаки *не живут достаточно долго, и я их за это ненавижу* … Потому что, когда наш питомец уходит из жизни, он забирает с собой *добрый кусок нашей души* — вот настоящая цена того, чтобы иметь любящего друга-питомца.

Дункан прожил с нами счастливую жизнь *14 лет*, вместе с ним выросли Саша и Костя. Однажды ночью, когда наш дом был полон, празднуя день рождения Ларисы, Дункан поскользнулся на полу и не смог встать. В ту же ночь я отвез его в ветеринарную клинику, где ему поставили диагноз — обширная опухоль. Через несколько дней он совсем перестал есть и пить, десны у него побелели — главный признак того, что печень перестала работать. Я отвез его к нашему ветеринару; они подтвердили диагноз. Два дня я его выносил на улицу — он падал… мы еще раз поговорили с ветеринаром, и потом решили Дункана усыпить. Вся семья собралась вместе, чтобы сделать последнее прощание. Я, Лариса и Нина плакали, мальчики пытались скрыть слезы. Сердце Дункана перестало биться, оставив глубокие шрамы на наших сердцах. Это было двенадцать лет назад, а я до сих пор плачу, когда пишу эти строки.

Я хотел бы разместить здесь панегирик, который Саша

написал 5 июля 2011 года, в свой день рождения, через несколько месяцев после смерти Дункана. Саша написал его после того, как нарисовал портрет нашего любимого Дункана.

Посвящаю Дункану, самой удивительной собаке

Висячие уши и царственный взгляд, довольный и терпеливый, ты сидишь прямо и смотришь в камеру, без колебаний или раздумий, просто полуулыбка. Захватить тебя кистью невозможно.

Я так смотрел на твое лицо тысячи раз. Пытался заметить каждую деталь, уловить твое существо, но не могу даже воспроизвести на холсте твои глаза. Ибо глаза — это окно в душу, и твои сияют ярко, как звезда, ярко, как полная луна. Яркость, наполняющая комнату, насыщающая ее счастьем и любовью. Любовь, которую тебе подарили и которую ты вернул своей семье в тройном размере. Никогда не было грустных моментов, ты приносил нам радость и учил нас быть лучше, любить друг друга больше, дышать глубже и смеяться сильнее.

Родился 27 лет назад, возможно в этот день и ты появился в моей жизни в 1997 году, когда мне было 13, дал мне свободу следовать своей судьбе, броситься в жизнь и стать Алексом/Сашей.

Ты, мой младший брат, когда они суетились вокруг тебя, взамен ты подарил мне свободу, сесть на мой дневной автобус, отправляющийся в красное и черное, в электрические фонари и сабвуферы мобильных телефонов, автобусы в китайском квартале и между ними, смех, который наполнил школу, предоставил место, где можно поспать и увидеться с друзьями.

Потомок королевской семьи, принц, которым ты был, есть и всегда будешь делить с нами место в наших сердцах, которое всегда будет принадлежать тебе. Ты подарил нам много счастливых лет, виляющих полухвостом и висячими ушками, мы с тобой выросли, вместе с тобой состарились.

И хотя ты покинул нас внезапно, и внезапная печаль вызывает слезы, нам не хватает этого обрывка хвоста, тех глаз, которые излучали любовь и разум, слишком безмятежных, чтобы быть человеческими, твой эмоциональный интеллект превосходит интеллект огромных континентов свиней.

Дункан, мы навсегда благодарны за время, которое мы провели, за время, которое замерзло, оттаяло весной и снова замерзло вместе с осенними листьями, давая нам времена года, что делает нас лучше, чем Калифорния.

Дункан, ты растопил мое сердце, обняв меня своей нежностью, слизнул мои слезы и сделал мою семью целостной. Эта картина, работа над которой ведется уже несколько месяцев, — дань уважения тебе, и я надеюсь, что она тебе понравится. Тебя никогда не заменят, но Вселенная подарила нам брата или дальнего родственника твоей древней расы, и мы назвали его Донни. Донни продолжит твою традицию, и со временем у меня снова появится младший брат. Мы будем расти вместе; Я буду смотреть, как он улыбается, и он разделит нашу любовь и победы. Цикл жизни — прекрасная вещь.

Дункан, ты был королем среди собак, великодушным и добрым.

Сегодня мне 27, 5 июля 2011 года и я посвящаю сегодняшний день тебе.

Нам. Жизни.

* * *

ТЕ ЖЕ ГРАБЛИ

Когда живешь с кем-то, кого, ты должен знать очень близко, у тебя создается впечатление, что ты действительно знаешь этого человека. Ты можешь даже поверить, что вы оба думаете одинаково и воспринимаете вещи одинаково. Правда совсем другая. Особенно, когда речь идет о собственных детях. Потому что *они* хорошо нас знают, они представляются нам такими, какими мы их ожидаем быть. Но это все равно ширма, во многих случаях их внутренний мир глубоко скрыт — они не хотят, чтобы их осуждали, и не хотят вступать в конфронтацию. Они любят своих родителей и предпочитают, лучше неведение с нашей стороны, чем постоянные попытки примирения.

Сейчас, оглядываясь на жизнь нашего сына Саши, я понимаю, что действительно его не знал! У меня есть сотни фотографий, которые он сделал, и я понятия не имею, кто были на этих снимках его друзья или незнакомцы, каков был контекст, и очень часто я не могу понять, когда и где были сделаны некоторые из них. Конечно, когда он прыгал с парашютом с самолета в Западном Массачусетсе и потом рассказал об этом нам с Ларисой, я понял — он не хотел, чтобы мы слишком беспокоились… Фотография его лица во время свободного падения, искаженный быстрым потоком воздуха, присланная мне потом, все это объясняет… То же самое относится и к его полетам на дельтаплане в Бразилии, потому что он знал, что я попытаюсь отговорить его от этого, поэтому лучше поговорить об этом после того, как это произойдет.

Также по многим причинам он мало говорил о своих подругах (girlfriends). Кстати, ненавижу это слово — подруга, оно очень вводит в заблуждение! Предполагается, что подруга, с которой у кого-то есть отношения, является другом. Если это правда — отлично, а если нет? Здесь я расскажу о Сашиных подругах, которых я знал и которые, пусть и ненадолго, были его друзьями (было несколько "подруг", о которых я даже не хочу здесь упоминать). Но что интересно и чрезвычайно важно — Саша *всегда* был *другом* своих девочек. Это была главная причина, почему у него их было так много и почему его жизнь сложилась так, как сложилась, и в конечном итоге привела его к кончине.

Саша много раз рассказывал мне о своих друзьях — их у него было много, и иногда я даже говорил ему, что некоторые из его *друзей* не были настоящими друзьями, он всегда думал о людях гораздо лучше, чем некоторые из них. А еще у Саши было много девушек-друзей. Многих из них я знаю лично — они были хорошими людьми, иногда мне казалось, что было бы гораздо лучше, если бы кто-то из них стал его подругой. Но давайте продолжим.

Когда Саша учился в старшей школе, у него была подруга еврейского происхождения по имени Ануш. У нее были длинные черные волосы, красивое вытянутое лицо с огромными карими глазами и необычайно смуглая, как после долгих летних каникул, кожа. Она была умна и всегда напряжена; Я не помню, чтобы она улыбалась. Ее бабушка и дедушка жили в Swampscott, штат Массачусетс, и были еврейскими беженцами из Москвы. Это были родители ее матери, которую я никогда не видел. Ее отец был своего рода лидером политической оппозиции в Армении, и я думаю, что семейные разногласия были основной причиной того, что эта семья была расколота, и некоторые ее части жили за океаном друг от друга. Мы много раз встречались с ее бабушкой и дедушкой и любили с ними разговаривать — они были образованными, дружелюбными, и было интересно проводить время у них в гостях.

Я не знаю, как Саша познакомился с Ануш — они жили далеко друг от друга, и несколько раз мне приходилось подвозить ее домой. Я думаю, что Ануш привлекла Сашу из-за многих культурных сходств: они оба родились за пределами США, оба говорили на иностранных языках, много читали и только что приобрели социалистические взгляды. Я много раз возил Сашу в Cambridge, в какой-to центр этого движения. Социализм — привлекательная идеология, если никогда не задаваться одним сокровенным вопросом: «Кто платит за *все* эти чудесные блага для всех людей?» Поэтому мы все рождаемся социалистами, пока мы не начнем работать, платить налоги, воспитывать и содержать свои семьи, тогда однажды мы просыпаемся консерваторами. Затем мы начинаем свой собственный бизнес и в одночасье становимся обычными капиталистами, понимая, что, если вы не сделаете что-то, за что клиенты готовы платить, вы никогда не получите прибыли, а без прибыли вы обанкротитесь на следующий день. К сожалению, в нашем обществе некоторым людям удается слишком долго оставаться младенцами, иногда вплоть до самой смерти. Так или иначе, отношения Саши и Ануш были не слишком долгими, я даже не заметил, как она исчезла. Возможно, она вернулась в Армению, чтобы жить с отцом.

Следующей значимой подругой Саши стала Али. Их познакомила друг с другом коллега Саши из его первой компьютерной компании в Waltham. Али жила в Коннектикуте, в Mystic Town, известном благодаря знаменитому фильму «Mystic Pizza» с Джулией Робертс. Али жила со своим отцом, который был одним из владельцев компании Hi-Tek, ведущей дела с Морским Ведомством США. Али была очень умной девушкой, получала высшее образование по механике и планировала сделать карьеру в какой-нибудь технической области. У нее было круглое лицо, короткие черные волосы, кожа была такой белой, как будто она никогда не видела солнца. Ее хобби были бальные танцы; в это время знакомства с Сашей она была подавлена от каких-то неудачных любовных отношений. Это был самый частый сценарий для девушек, которых привлекал Саша, они переживали самые грустные и неуверенные моменты своей жизни. У Саши была исходящая аура сострадания, любви и поддержки, благодаря которой все девушки чувствовали себя в большей безопасности, комфортнее, были любимыми и поддерживаемыми. Помню, Саша рассказал мне об Али, что он был очень серьезен и не хотел форсировать отношения — это был хороший знак и правильный подход к новой девушке.

Похоже, они влюбились. Саша переехал в Коннектикут, где они прожили вместе два года. Это стало большой неудачей в карьере Саши: он не мог найти более перспективную профессиональную работу в другом месте. Он работал в области безопасности компьютерных сетей, и потребность в таких профессионалах была, как правило, в крупных корпорациях, расположенных далеко от Mystic Town. Несколько раз Саша и Али приезжали к нам в Newton, я долго разговаривал с Али — она мне тоже нравилась. При этом у меня уже было ощущение, что для Али Саша была лишь временной ступенькой, пока она не встанет на ноги и не пойдет дальше. Меня немного очаровало совпадение их имен. Их полные имена были Александр / Александра, роковое совпадение?

К сожалению, мои опасения оправдались. Саша наконец-то нашёл неплохую работу, Али получила диплом и снова начала заниматься бальными танцами. Следующее, что произошло, было почти банальным: она встретила и влюбилась в преподавателя танцев. Они с Сашей расстались и разошлись... Спустя годы я искал Али в Интернете: она счастлива в браке с этим парнем, имеет несколько детей и работает в компании своего отца техническим директором. Саша вернулся в Boston, пытаясь залечить свежую рану. Я не сильно виню Али: она нашла то, что ей нужно, правда, со мной не попрощалась — я чувствовал, что немного это заслужил.

В двухгодичной жизни в Коннектикуте был один очень положительный момент: Саша снова начал рисовать, и это стало его призванием. Это заслуживает отдельного рассказа, но здесь стоит отметить, что именно с помощью живописи он смог преодолеть все жизненные перипетии и падения, и именно его живописное наследие, наряду с фотографиями, осталось у нас теперь как неизгладимая память его жизненного присутствия.

Следующая встреча Саши была гораздо более глубокой. Как вы могли заметить, все его прошлые подруги были из неполных семей. Для меня это всегда было тревожным сигналом: дети всегда отрицают опыт своих родителей, чтобы потом повторить его самим. Ее звали Джелли. Это была полная девушка, темные волосы, красные накрашенные губы. Ее родители были в разводе — она почти не разговаривала с матерью, ее двоюродный брат, хороший и ласковый мальчик, умер несколько лет от эпидемии передозировки… И по нашему сюжету она была в расстроенных чувствах, и вот Саша: нежный, заботливый… они полюбили друг друга. Саша всегда любил путешествовать. Поэтому она решила поехать с ним.

Их первая совместная поездка была в Индию. Случилось так, что один из Сашиных коллег, имевший индийские корни, собирался жениться в Индии. Это страна контрастов: на одной стороне улицы вы видите людей, голодающих или умирающих от всевозможных болезней из-за отсутствия элементарных санитарных условий и отсутствия водопровода, а на другой стороне вы видите продолжительное свадебное торжество. в течение трех дней с участием трехсот человек, потративших вместе сотни тысяч долларов. Были цветы, индийские платья, сшитые из сотен футов шелковой ткани, церемонии, роскошная еда и напитки, играли приглашенные музыкальные группы. Все было великолепно и весело. Саша и Джелли, к счастью, несерьезно заболели (как это случается с большинством гостей Индии) и благополучно вернулись домой.

Вторая поездка была более длительной: Саша решил поехать в Таиланд — пожить и поработать там пару лет... Я этого не мог понять, но он был не похож на меня. Когда я спросил его, хочет ли Джелли поехать с ним, он ответил, что если нет, то она не будет для него той девушкой. Она решила поехать, и они поехали туда. Итак, они жили в Таиланде. Сначала они жили в каком-то небольшом местечке поближе к океану, затем переехали в город покрупнее, где было больше возможностей для работы. Саша нашел одну школу, куда его наняли преподавать информатику и робототехнику элитным ученикам.

Здесь я должен вернуться в то время, когда Саша еще учился в школе. Все в мире знакомы с строительными блоками Lego. Все дети в каком-то возрасте любили играть с Lego, строить дома, машины и самолеты — всевозможные цветные вещи. Когда мы впервые приехали в США, Саше было пять, а Косте двенадцать. Костя никогда раньше не видел Lego, поэтому первые два года он восполнял упущенный опыт Lego, строя из него свой фантастический мир — кто-то подарил нам полное ведро деталей Lego. Саша взял у него Lego тоже. Но он пошел дальше: MIT Media Lab разработала компьютерную робототехнику Lego: Lego Mindstorm, среду, знакомящую студентов с программированием робототехники и проектированием систем. Для проведения своих первых полевых испытаний они сотрудничали с Университетом Тафтса, где один профессор кафедры механики работал с детьми разного возраста над тестированием, проверкой и улучшением удобства использования наборов Mindstorm. Так получилось, что Саша был одним из немногих студентов, принявших участие в проекте Тафтса, собирающем и программирующем первые системы Lego Mindstorm. Кстати, для этого мы с Ларисой на несколько месяцев возили Сашу в здание Тафтс в Sommerville — обычная работа большинства родителей...

Когда я узнал, что у Саши появилась возможность преподавать Lego Mindstorm в школе в Таиланде, я позвонил профессору из Тафтса и спросил, может ли он передать Саше несколько наборов. К моей большой радости, он это сделал, и через три недели Саша получил эти наборы и начал преподавать. Я видел фотографии его и его учеников — это была нирвана для всех участников. Руководители школы тоже были счастливы — они даже не могли мечтать о таком замечательном опыте для своих учеников.

Также в Таиланде Саша получил массу вдохновения для своей творческой артистической натуры. Это была совершенно потрясающая природа с горами, покрытыми зеленью полей, ручьями, реками и заливами с маленькими лодками, и деревянными лачугами, плывущими над кристально чистой водой, волшебными пещерами со сталактитами, музеями природы, разными, но очень дружелюбными людьми и, конечно же, еда. У Саши была масса свободного времени, и он использовал ее, создавая свой волшебный мир искусства. Он также подружился с профессиональным художником из Великобритании, живущим в Таиланде. Они с Сашей сблизились друг с другом. Старший художник был наставником Саши, и Саше нравилось приходить в его студию, где каждый из них работал над своим искусством, сохраняя при этом дух товарищества. Взамен Саша помог своему другу разработать веб-сайт для демонстрации и, возможно, продажи его произведений искусства. В какой-то момент у этого художника закончились деньги, и его студию оказались на грани выселения. Саша прислал мне каталог художника, и я помог ему продать некоторые его работы, обеспечив столь необходимый ему доход.

Последним, в чем Саша и Джелли участвовали в Таиланде, была имитация традиционной религиозной свадебной церемонии, проведенный религиозной организацией, спонсируемой государством, с целью пропаганды традиционного образа жизни. Для этого они отобрали восемь пар молодых людей, в основном иностранцев, и устроили для них традиционную тайскую свадьбу — со всеми нарядами, артефактами, религиозными ритуалами и, конечно же, съемками съемочной группы видео операторов. Когда Саша прислал мне видео этой свадьбы, я сначала обалдел, но потом подумал, что Саша никогда не женится, не предупредив меня заранее. Потом я понял, что это был всего лишь религиозный шоу.

Что ж, даже это долгое путешествие должно было закончиться, и Саше и Джелли пришлось вернуться в Boston. Они объявили и начали готовиться к свадьбе. Свадьба состоялась в West-Roxbury, в старинном доме национального наследия с картинами мирового класса. На заднем дворе стояла белая арендованная палатка, питанием занимался Сашин друг Джей, а музыку исполняла группа другого друга, Эзры. Все было красиво и приятно.

Свадьба была «еврейской». Всем заправляла раввин — чернокожая женщина, прилетевшая по этому случаю из Чикаго. Джелли не была еврейкой, но, видимо, это ни для кого не имело значения. В любом случае, молодожены получили то, что хотели: белое платье, толпу гостей, фотографии, музыку, вкусную еду и массу поздравлений от родственников и друзей. Теперь пришло время жить семейной жизнью.

Саша и Джелли переехали в Мэйн, арендовали большой дом за меньшие деньги, чем в районе Boston, и начали новый бизнес: выращивали марихуану, добывали CBD и THC и делали всевозможные конфеты, печенье, мази и капли для медицинских целей. Именно тогда Cannabis легализовали многие штаты, в том числе Мэйн. Для того чтобы это произошло, потребовались крупные инвестиции в реконструкцию помещений, отопление и освещение, а также оборудование для обработки материалов, сертификацию кухни и разрешения на производство. К счастью, Саша получил хорошую работу в другой крупной компании, занимающейся безопасностью компьютерных сетей, но требующей работы на объектах клиентов по всей территории США. Итак, он выполнял свою работу и оплачивал счета, в то время как Джелли вела бизнес, производя всевозможные продукты, находя рынок в качестве альтернативы основной медицине.

Мэйн — это не Таиланд, и зимой десять футов снега — не

редкость, а расчистка снега — обычное зимнее развлечение. В какой-то момент Саше и Джелли пришлось нанять сотрудника, который помогал бы им с производством. Я должен признать, что я очень скептически относился к магическим лечебным свойствам CBD, пока однажды зимой моя Лариса не поскользнулась и не упала на кобчик, сломав позвоночник в трех местах. Боль была невыносимой — хирург дал ей сильные наркотики, которые уменьшили боль, но полностью заблокировали пищеварительную систему. Ее состояние становилось критическим. Я поговорил с Сашей, и он предложил: «Почему бы тебе не попробовать наш CBD?» *Конечно, почему нет?*

На следующий день он поехал из штата Мэйн в наш дом в Newton (200 миль) и привез с собой коробку от Джелли с десятью различными видами продукции CBD. Я начала давать Ларисе один из них — случилось волшебство: за три дня я снял её с наркотиков! С тех пор CBD стал важной частью нашей домашней аптечки. Мы принимаем его с витамином C и лечим всех членов семьи, если они чувствуют, что заболевают. Мощный и не имеющий побочных эффектов метод.

Вы можете подумать: «А как насчет детей?» Да, Саша любил детей и очень хотел своих. Ему всегда хотелось поиграть с детьми своего друга, племянницами и племянниками. Каждый раз, приезжая к Косте и его детям во Флориду, Саша организовывал студию живописи, где они все вместе работали над созданием очередного художественного шедевра. К сожалению, Джелли не могла иметь детей. Я даже подозреваю, что она знала все это время, но Саша узнал об этом только спустя годы брака. У меня до сих пор хранится его новогодняя открытка, где он обещал нам родить еще нескольких внуков. Что ж, эти надежды оказались тщетными.

Семейная жизнь Саши продолжалась долгие годы, но однажды он начал говорить, что хотел бы, чтобы я присоединилась к их компании. Когда я спросил его, почему, он сказал, что сейчас у него и Джелли доля в их бизнесе составляет пятьдесят на пятьдесят процентов, но, если я вступлю в клуб с долей всего в десять процентов, мы с Сашей оба будем иметь больше, чем Джелли. Это было наивно для малого бизнеса, в котором работали всего два человека и который не имел реальной коммерческой ценности. Итак, я спросил Сашу, в чем на самом деле проблема: если это деньги, я готов их ему дать. К сожалению, настоящей проблемой были отношения между ними. Как я понял, предыдущая история любви повторилась снова... Джелли к этому времени встала на ноги и уже не так нуждалась в Сашиной помощи и поддержке.

За несколько месяцев до этого разговора их отношения достигли дна. Примерно в это же время я купил Саше новую машину — раньше у них была только одна машина, и каждый раз, когда одному из них приходилось куда-то ехать, другой оставался без транспорта. Через месяц Саша снова пришёл к нам, и я заметил, что он очень похудел (Джелли, напротив, была почти необъятной). На мой вопрос Саша ответил, что они уже несколько месяцев не ели вместе... Этот брак распадался. Саша всегда был очень скрытным — всю свою боль он держал в себе и просил помощи только в самой тяжелой ситуации, но не раньше. Итак, однажды он подъехал к нам и сказал, что оставляет свою машину в нашем гараже и переезжает на постоянное место жительства в Пуэрто-Рико... Это был шок. Это означало, что их браку пришел конец, и Саша бежал изо всех сил. Я, конечно, понимал, что он ищет более теплое место, но Пуэрто-Рико?

Как он перебрался туда без чьей-либо помощи, я не знаю. В его разводе участвовали адвокаты, у них были проблемы с задолженностью по налогам, его бывшая жена даже решила, что может получить половину его новой машины, которую я ему недавно купил (эта идея оказалась совершенно ложной), все это было большим удручающим бременем для него. Вначале он жил в San Juan, столице Пуэрто-Рико, неприветливом и довольно криминальном месте, но через четыре месяца переехал в более «американский» городок — Rincon. Здесь Саша снял трехкомнатную квартиру на первом этаже двухэтажного дома, расположенного на вершине длинной извилистой холмистой дороги, в окружении манговых деревьев и с прекрасным видом на лес внизу.

Его компания-работодатель работала в Miami, штат Флорида, так что с юридической точки зрения Саша был жителем Флориды, что, по сути, ни на что не повлияло. В то время мы подумывали о переезде во Флориду, где проживал Костя с семьей, но я все еще работал полный рабочий день в Boston, так что эти мысли были всего лишь несбыточными мечтами. А Саша не хотел физически жить во Флориде, поэтому мы сохранили статус-кво. Через несколько месяцев Саша наконец получил документы о разводе (и львиную долю задолженности по налогам), что не было концом света — по крайней мере, он мог начать новую жизнь снова, на этот раз в Пуэрто-Рико. Он наступил на одни и те же грабли как минимум трижды — усвоил ли он урок?

ОРАНЖЕВЫЙ КОТЕНОК

Той осенью, во время одного из визитов к нам, Саша сказал мне: «Я нашел девушку, ее зовут Люмина!» Это было захватывающе. Я спросил о ней: прежде чем ответить, Саша вытащил фотографию, где Люмина стоит со своим тогда уже больным братом и сестрой. Она выглядела очень мило и была чернокожей. Разница культур была для меня непреодолимой. Не дожидаясь моих следующих слов, Саша сказала: «Но ее родители живут счастливо вместе!» Это был его довольно веский аргумент. Раньше я говорил ему искать только тех девушек, у которых были полные семьи. Так оно и было, и это был хороший знак. Основываясь на своем жизненном опыте, я философски сказал, видишь ли, — когда все хорошо, расовые и культурные различия не имеют значения. А если дела идут плохо, то резко все это приобретает значение, и люди иногда оказываются по разные стороны баррикад. В ответ на это Саша рассказал мне, насколько они с Люминой похожи во всем: что читают, какие фильмы смотрят, каковы их взгляды на мир, на семью и т. д. Люмина работала учителем в начальной школе в New York. Все это звучало великолепно.

Через четыре месяца я разговаривал с Люминой — у нее действительно был примерно такой же разговор с родственниками об отношениях с Сашей. Это звучало почти так же, но наоборот. Конечно, мы все пытаемся учиться, а затем действовать на основании полученного опыта, стереотипы — отличный способ эффективно справляться со всем, что нас окружает. Да, есть исключения из правил... Теперь я должен сказать, что в случае с Сашей и Люминой у нас было замечательное исключение. Познакомившись с Люминой поближе, я смог узнать, почему они влюбились друг в друга, почему они не были типичными черно-белыми Ромео и Джульеттой: то, что объединяло их, было глубоко укоренено в их личностях, это было неоспоримо, и это было реально. Она также рассказала мне, как они впервые встретились в Интернете, некоторое время общались, а потом Саша навестил ее в ее квартире в New York. Как она предприняла меры предосторожности перед этой встречей, подробности я оставлю...

Ну а в феврале Люмина навестила Сашу в Rincon. Это было удобно, потому что ее родители жили в Aguadilla, соседнем городе, поэтому она тоже смогла навестить их. Саша и Люмина провели чудесную неделю: провели много времени, исследуя дикую местность острова, готовили еду, общались, любили друг друга и строили большие планы на будущее. Затем пришло время Люмине вернуться — ее школьные классы начинались на следующий день, в понедельник. Накануне вечером Саша отвез ее в аэропорт Aguadilla на ночной рейс: это было дешевле и сокращало количество дней в пути.

В понедельник вечером я позвонил ему по телефону, но он не взял трубку. Через час я позвонил еще раз, но безуспешно. Я не волновался — Саша, возможно, был занят, в прошлом такое случалось не раз. На следующий день, когда я сидел за нашим обеденным столом с Ларисой и вел видео разговор с Костей и его женой Ниной, Косте позвонили. Он взял трубку, внимательно прислушался к тому, что говорил звонивший, тихо повторил это, и Нина громко закричала. Я не поняла, что только что произошло, поэтому спросил Нину: «Ты смеешься или плачешь?» Костя сказал: «Саша умер...» В тот момент, когда я это услышал, мир для меня изменился навсегда.

Я, конечно, просил подтверждения, каких бы то ни было подробностей, но я знал — это была правда — самая мрачная правда в моей жизни. Лариса, в своей естественной самозащите, чтобы сохранить рассудок, умоляла: «Скажи мне, что это неправда!» Я подтвердил, что еще я мог сказать матери, только что потерявшей сына...

Через два дня мы сидели в самолете, направлявшемся в San Juan, чтобы доставить тело Саши обратно в Boston. В Boston была зима, но Пуэрто-Рико выглядел зеленым оазисом, окруженным синим морем. Мы сели на небольшой местный самолет, чтобы добраться из San Juan в Rincon. Я чувствовал себя как во сне, мой друг Дмитрий согласился поехать с нами, поэтому он вел нашу арендованную машину — я бы не смог сделать это безопасно.

Первыми, кого мы встретили, были Люмина и местная женщина, знакомая Саши, которая помогала ему с уходом за квартирой. В то утро я не понял, что Люмина вернулась, бросив все свои рабочие обязанности, чтобы встретиться с нами и помочь нам с этой последней неизбежной процедурой. На все формальности у нас ушло несколько дней. Некоторые чиновники не понимали английского (или делали вид, что так), когда Люмина разговаривала с ними по-испански, они откровенно грубили ей (разумеется, они воспринимали ее как местную жительницу, не заслуживающую их уважения). Самой важной информации мы от них не получили — в справке о смерти в строке «Причина смерти» написано «Расследование». Мне потребовалось три года, чтобы частично прояснить этот вопрос — никакого расследования не было, это была рассчитанная задержка времени. Все было открыто нашему воображению.

Конечно, мне хотелось поскорее увидеть Сашу: все мы люди, и если вероятность того, что произошла ошибка, один на миллион, мы отчаянно за нее цеплялись... ну, после прихода на Funerary Rosa нас провели в комнату, имевшую сильный фенольный запах, где находилось тело Саши. Он выглядел спокойным, расслабленным, просто спал после ванны… И вдруг большая слеза из его правого глаза скатилась по щеке - *он плакал* … У меня упало сердце. Никто из присутствующих в комнате ничего не сказал, поэтому я решил, что я единственный, кто это заметил. Через три года в одном разговоре с Ларисой она упомянула об этой слезинке: она тоже это заметила, но также не хотела об этом говорить, боль была невыносимой.

Следующий день преподнес нам сюрприз: из Boston прилетел Сашин друг Джей и по традиции островитян устроил Саше прощальные поминки, пригласив всех местных жителей, знавших или друживших с ним. На стол поставили Сашину фотографию, зажгли свечи и по бокам расставили несколько последних Сашиных картин. Многие люди подходили к нам, чтобы сказать слова соболезнования, поблагодарить за такого замечательного сына и разделить самый печальный момент нашей жизни. И они рассказывали нам свои истории:

Когда Саша прибыл в Ринкон, он обнаружил, что большинство людей, живущих там, даже тех, кто приехал с материковой части США, были сломлены — морально, финансово или и то, и другое. У Саши была работа, и для этой работы ему нужен был надежный рабочий компьютер с хорошим интернетом. Итак, он оборудовал свою квартиру всеми удобствами, позволяющими ему эффективно работать. Это включало в себя резервное бесперебойное питание, хороший кондиционер и т. д. Он нашел местную семью, которая помогала ему ухаживать за квартирой, плюс муж был разнорабочим, который делал необходимые столы и полки. Эта семья познакомила Сашу со многими другими людьми, и со временем некоторые из них стали его друзьями.

Привыкший много рисовать, Саша продолжал делать это в Ринконе, часто на пляже, наблюдая за красивыми радужными закатами. Это привлекло несколько человек, которые проявили большой интерес к живописи, но по каким-то причинам этим не занялись. И вот Саше пришла в голову отличная идея: «Давайте рисовать вместе!». Итак, два раза в неделю собиралась группа того клуба, кто-то готовил еду, Саша предоставлял всевозможные художественные принадлежности, включая ручки, фломастеры, бумагу и т. д., и все они рисовали, иногда одну и ту же картину. по очереди, корректируя и дополняя друг друга, стараясь понять и обогатить общую идею. Это была успокаивающая, дружеская коллективная работа, которая для многих из них была долгожданным лекарством от боли и страданий. Это была терапия, которую инициировал Саша, но энергия, тепло и забота исходили от тех самых людей, которые чувствовали себя одинокими и забытыми — теперь они чувствовали вокруг себя других людей, делясь с другими позитивной энергией и получая такую же энергию взамен.

Саша рассказал мне об этом «клубе», когда мы встретились предыдущей осенью во Флориде, когда отдыхали в Sarasota, навещая Костю и его семью. Мы сняли небольшой двухкомнатный домик почти на пляже Lido Beach, Саша прожил у нас неделю, работая во дворе за компьютером. По дороге к Косте Саша зашёл в магазин арт товаров, чтобы купить необходимые материалы. Он заплатил почти триста долларов, намного больше, чем мог бы заплатить, купив их на Amazon, но сказал: «Давайте поддержим местный художественный магазин!» В этой фразе весь Саша, его личность.

К нам пришел отставной техасский полицейский и рассказал, как впервые познакомился с Сашей: они встретились в местном ресторане, куда оба пришли пообедать. Саша подошел к его столику, улыбнулся и сказал: «Привет, я Алекс, как дела?» Это приветствие: «Привет, я Алекс!» открыл сердца многих людей, отвыкших открыто разговаривать с незнакомцами. Саша сломал эти барьеры: «Давайте поговорим! Давайте рисовать вместе!»

К нам подошел другой мужчина и сказал: «Я тоже потерял сына...» Его сын катался на мотоцикле. Однажды он попал в смертельную аварию, и все...» Я спросил его: «Пройдёт ли эта боль со временем?» Он ответил: «Нет». Теперь, три с половиной года спустя, я должен подтвердить — боль не проходит, она никогда не пройдет, я только научился с ней жить.

Там была пара женщин, они со мной не разговаривали, но по одному беглому взгляду можно было понять, что у них проблемы с наркотиками и алкоголем... Они пришли сюда, чтобы отдать последнюю дань уважения Саше, не могу сказать, за что именно, но это не имело значения.

Был один мужчина лет тридцати пяти. Он ни с кем не разговаривал. Он просто сидел на земле и что-то рисовал ручками и маркерами на большом листе бумаги. Когда он завершил ее к своему удовлетворению, он отдал ее другому человеку, который добавлял некоторые новые детали: Саши не было, но его терапия работала!

Сашино обаяние привлекало не только людей, но и животных, особенно кошек, с которыми у Саши была особая связь. Потеряв из арендованного дома в штате Мэйн двух своих любимых кошек, которых бывшая жена оставила себе (чтобы причинить Саше больше боли), Саша задумался о том, чтобы завести еще одного пушистого компаньона. Однажды, когда он сидел на пляже и рисовал, к нему подошел маленький оранжевый котенок. Котёнок сказал Саше, что хочет, чтобы его усыновили (так Саша описал мне эту встречу). Однозначно, Саша не мог отказаться. Таким образом, в его квартире появилось еще одно живое существо.

Ну, мы обыскали Сашину квартиру, отыскали все документы и личные вещи, отдав все, кроме жестких дисков от его компьютеров — мне пришлось собрать всю его личную информацию. На следующий день мы организовали отправку тела в Boston, а через день — мы тоже улетели обратно в Boston — запланировали похороны, на которых присутствовало не менее сотни Сашиных и наших друзей, родственников и коллег.

Торжественный ритуал был призван успокоить боль всех, кто знал покойного, но мы с Ларисой сидели и все пытались осмыслить произошедшее. Один за другим несколько

Сашиных друзей рассказывали истории своей жизни и дружбы, раскрывая многие подробности Сашиной жизни, о которых я никогда раньше не слышал. Я никогда не видел их в черных костюмах, грустных и суровых. Было много людей, которых мы не видели много лет, но сейчас они пришли отдать последнюю дань уважения, *спасибо*!

На кладбище раввин читал кадиш – я повторял эти вечные еврейские слова, восхваляя Бога, вслед за ним – все это казалось неправильным! Это Саша должен был сделать это после меня, а не наоборот... Костя и Нина приехали из Флориды со всеми детьми — они все любили «дядю Сашу». Они стояли рядом со мной и Ларисой — это был их первый жизненный опыт смерти... Наши семейные посиделки всегда были полны веселья и теплых чувств, и этот приносил теплое чувство, несмотря на мое тяжелое холодное душевное состояние в то время. Конечно, среди нас была Люмина, приехавшая из New York, она потеряла лучшего друга, родственную душу и короткую перспективу новой жизни с ним. Наконец, тело Саши было предано земле навсегда.

Мы пошли домой, и я заказал немного еды — после нескольких часов стояния на зимнем холоде все замерзли и проголодались. Я был так рад, что дети Кости еще маленькие — у них есть естественная возрастная защита от невообразимого понятия «смерть», и было большим утешением наблюдать, как они тихо ходят, понимая, что только что произошло что-то действительно печальное и важное. С нами были мои друзья: Дмитрий и Аркадий, а также родители Нины и дети Кости использовали этот редкий момент для общения с ними. В своей школе Люмина показала юным ученикам несколько работ Саши и попросила их нарисовать что-нибудь в его стиле. Эти маленькие цветные произведения искусства она привезла нам в подарок. Они были похожи на Сашиных художественных «детей».

«Женщины» Кости подружились с Люминой, я до сих пор хорошо помню эту сцену, где Нина, Люмина и Лейка (дочь Нины и Кости) сидели тесно вместе: невестка, подруга и племянница — Саша объединил их на эта фотография! Мы подружились — Люмина была для Саши самым близким человеком в последние дни его жизни, и она дорожила этими короткими отношениями, как лучшим воспоминанием в своей жизни. Надеюсь, она найдет того, кто будет ее достоин – она действительно этого заслуживает.

Итак, что же произошло в трагическую ночь 24 февраля 2020 года? Саша готовился пойти на встречу своего клуба рисования. Он упаковал все свои художественные принадлежности в коробку, накормил и напоил котенка водой и... и так и не появился. Они ждали его, потом решили, что он не смог прийти, и пошёл спать после долгой работы. На следующий день сосед из квартиры выше, проходя мимо, услышал, как рыжий котенок мяукает и царапает дверь. Когда он открыл дверь (она была не заперта), он обнаружил Сашу лежащим на полу возле картонной коробки со всеми своими художественными принадлежностями. Сообщение о смерти, которое мне удалось получить после трех лет бесплодных попыток, не пролило света на причину несчастного случая. Из-за пары сильных ураганов, обрушившихся на Пуэрто-Рико примерно в то время, властям пришлось расследовать и собрать две с половиной тысячи сообщений о смертях, на одно больше, на одно меньше, им было все равно.

Задолго до этого происшествия Саша разговорился со своим другом Джеем, и они пообещали друг другу позаботиться о кошках друг друга, если с кем-то из них что-то случится. Так, когда я спросил Джея, почему он приехал на остров, вместо того чтобы ждать похорон в Boston, он сказал: «Как я мог не приехать в последнее место, где жил Саша? А еще я должен выполнить свое обещание — забрать домой рыжего котёнка!" Котенок, последнее живое существо, которое видело нашего сына Сашу живым...

ת נ צ ב ה

«Пусть его душа будет связана узами вечной жизни ».

* * *

ЭПИЛОГ

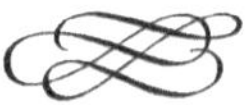

Сможете ли вы бросить вызов смерти? Вы думаете, что это невозможно, но я - могу! Вы, конечно, знаете, когда кто-то умер – вы видели могилу… возможно, вы сказали последнее прощание… вы положили цветы или камни на холодный мрамор.

Но что, если этот человек все еще в ваших мыслях! Вы можете услышать его голос! Вы можете увидеть фотографии! Вы наслаждаетесь плодами его дел: инженерными творениями, сочинениями, музыкой, картинами. Вы живете среди людей, которым он помог, научил и привел в этот мир.

Тогда этот человек бессмертен!

Итак, давайте сделаем бессмертными всех, кого мы любили и кто любил нас, вспоминая лучшие моменты их жизни, пересказывая их яркие жизненные истории, вспоминая их благословения – чтобы сделать их живыми навсегда.

В этой книге я написал о своей жизни и людях, которых я любил, которые помогли мне стать собой, разделили со мной мои лучшие и худшие дни и о тех, кто покинул меня слишком рано, не дав мне сказать последнее «прости». Это книга о них и о нас, живущих и читающих эти строки.

ОБ АВТОРЕ

Роман Литовский родился и прожил пол-жизни в Киеве, Украина. Окончил Киевский Политехнический институт (КПИ) и работал инженером и физиком в Институте Кибернетики и Институте Полупроводников (ИПАН), оба – Академии наук Украины, где получил степень кандидата физических наук. Женат, имеет двоих детей. В 1989 году он эмигрировал из разваливающегося антисемитского СССР и с тех пор жил в Boston, США.

Его карьера в США состояла из двух параллельных направлений: (1) Он более 30 лет проработал в лучшей в мире электроакустической компании, расположенной во Framingham, Массачусетс, где в течение последних 20 лет возглавлял исследовательскую группу, изобретая и создавая концептуальные прототипы самых современных звуковых систем. (2) Создал и руководит собственной небольшой компанией, занимающейся разработкой и производством радиочастотного контрольно-измерительного оборудования для профессионального и потребительского рынков.

В 2021 году он ушел со своей основной исследовательской работы и переехал в Sarasota, Флорида, где наслаждается теплой погодой и проводит все свое время, управляя своей компанией, обучая и развлекая внуков, заботясь о своей жене и, наконец, пишет литературные автобиографические рассказы.

О ХУДОЖНИКЕ

Серджио Дрюмонд — художник, иллюстратор, аниматор и художник по цифровой графике с различными степенями в области изобразительного и рекламного искусства. В его портфолио есть иллюстрации для книг и журналов, графических романов, газет и телевидения. Он жил в Европе, где работал над книжными иллюстрациями и журналами, а также над плакатами для театральных трупп. Большую часть своей жизни он провёл на Филиппинах, в Японии, Индии и Таиланде, где работал, иллюстрируя книги и графические романы, монтируя образовательные видеоролики и занимаясь анимацией. Находясь в Азии, он также преподавал искусство для гуманитарных проектов. По всему миру опубликовано около двухсот книг.

Вы можете связаться с ним по адресу: sdrumart@gmail.com

ОТ АВТОРОВ КНИГИ

Если Вам понравилась эта книга, пожалуйста, напишите
рецензию.
Это поможет другим потенциальным читателям узнать
больше о содержании этой книги.

www.ingramcontent.com/pod-product-compliance
Lightning Source LLC
Chambersburg PA
CBHW031529150726
47990CB00001B/106